しんじゅがい

続編

藤 原 凡 人

溪水社

講演「子どもが育つ土壌をつくる」
君田小中合同 PTA 教育講演会
（平成 21 年2月 15 日）

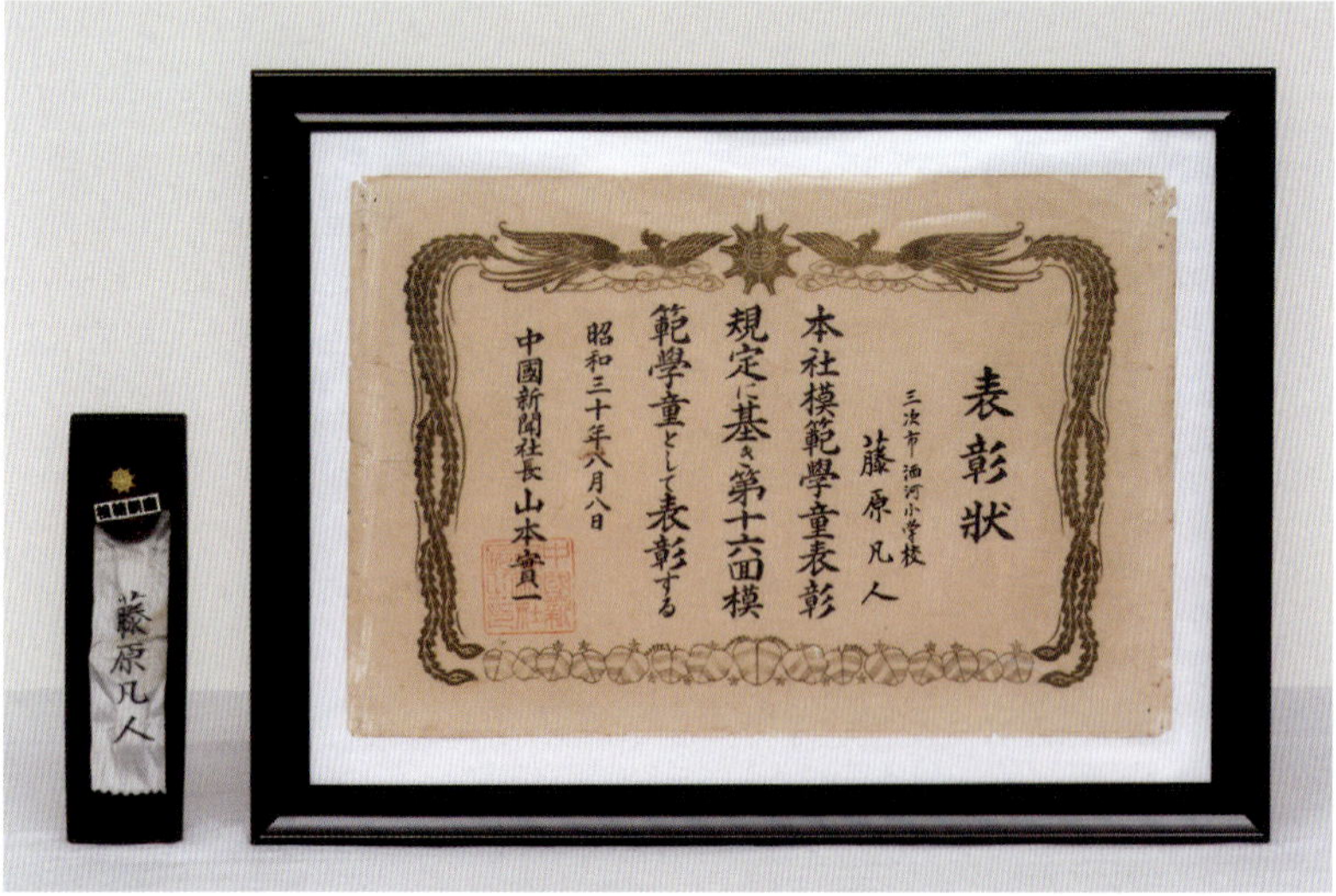

「しんじゅがい」私の生いたち（小学校時代）に書いていた
「模範学童表彰」と「メダル」
（昭和 30 年8月8日）

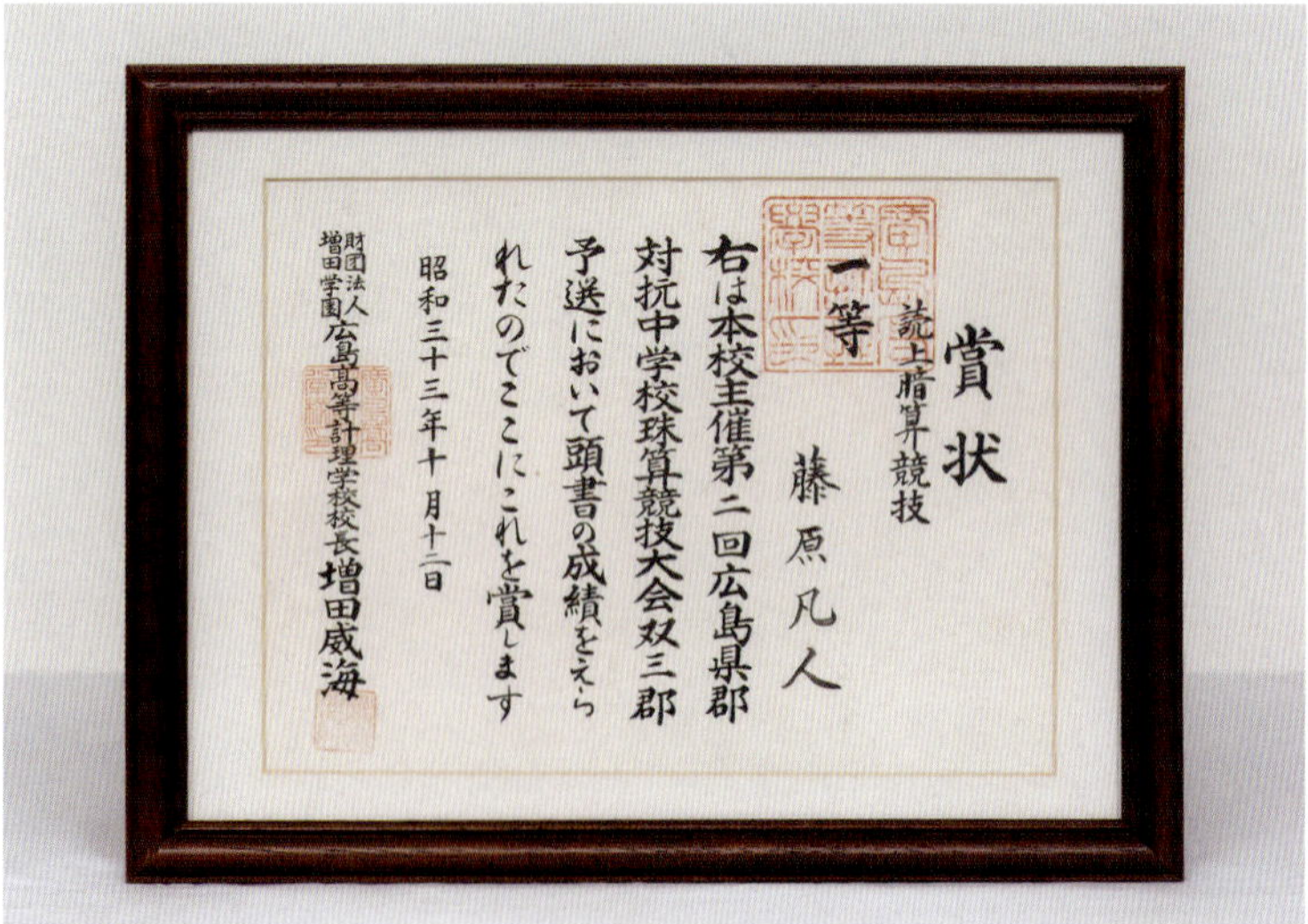

中学校珠算競技大会
読上暗算　一等
（昭和 33 年 10 月 12 日）

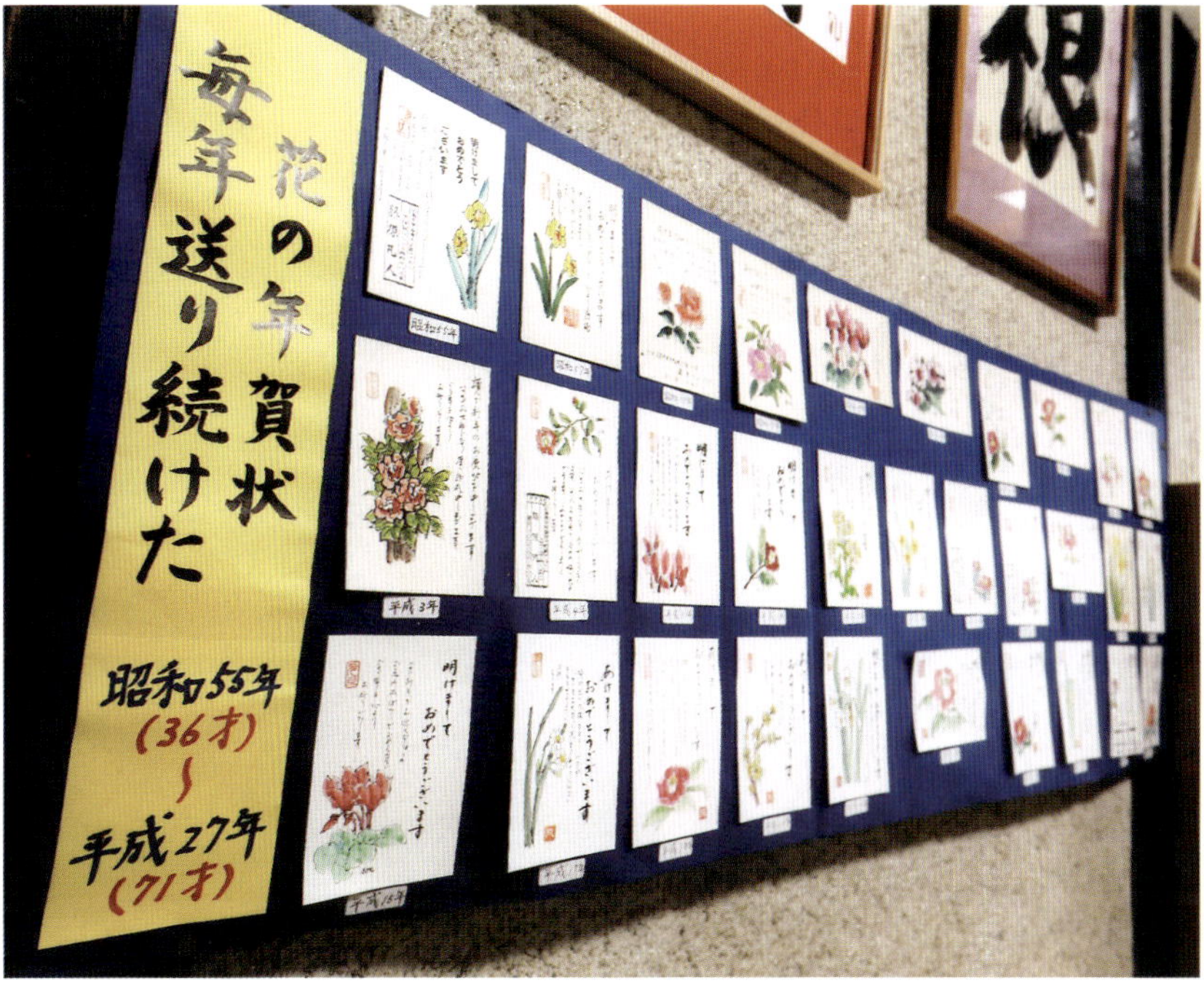

36 才から毎年送り続けた手作りの花の年賀状

「はしもと内科」屋上で好きな曲
20 曲をハーモニカで演奏
（平成 28 年1月 11 日）

死亡叙勲「正六位」受章
（平成 28 年2月 27 日）

藤原凡人の遺作展示会場（実家にて展示）
（住所　三次市西酒屋町１２４５）

藤原凡人が眠る藤原家の墓所
（三次市西酒屋町）

はじめに

夫藤原凡人は、平成28年2月27日午前0時10分広島市吉島東にある「はしもと内科」三階の病室で静かに旅立っていきました。

亡くなる3日前に高熱を発症し、橋本院長先生から腎臓がかなり弱っていると説明を受けました。

そして2月26日、

「今日は病院に泊まるからね」

と言うと安心したのかそのまま眠り続け、深夜静かに息を引き取りました。72歳の生涯でした。

「お父さんよくがんばりましたね。これからはゆっくり休んでくださいね」と心で語りかけました。

夫と結婚して47年、この度は三度目の入院でしたが、すでに死を覚悟していたのでしょうか。残された人生をどのように生きるか、これまで信頼を寄せて温かく支えてくださった多くの皆様に、自分の生き方を示すことで恩返しをしたいと思ったようです。

日々衰えていく視力と戦いながら病床で必死に思いをノートに書き記しておりました。

自分の教職人生をまとめた『しんじゅがい』の出版を決意し、自分の人生訓を色紙に「書」で書いておりました。

夫の生前、日記は一度も見ませんでしたが（夫から見てはいけないと言われていましたので）夫の死後遺品を整理している時、初めてノートを開いて読んでみました。

平成27年6月10日、自宅の庭で倒れた日から始まり、平成27年12月20日で終わっておりました。12月24日に一時帰宅した折に、再度体調が悪くなり救急車で運ばれましたが、以後二度と自宅に帰ることはありませんでした。

年が明けてからは、体力が徐々に弱ってきて日記には一文字も書くことなく、白紙の状態のままになっておりました。

体が我慢できぬほど辛かった日もあったろうと思われるのですが、それでも自分の思いを冷静に書き記し、家族への思いを文章に書き残しておりました。

またお見舞に来てくださった方、お電話くださった方のお名前もきちんと書いておりました。

夫の日記を読んでみまして、夫の最後のメッセージを皆様に読んでいただきたく思い、そしてまだ幼い五人の孫たちが成長した時に読んでほしいと思い、本にまとめてみました。

入院中何度もお見舞に来て励ましてくださった方、講演の際、病院に迎えに来て会場まで送ってくださった方、外出の際、目の不自由な夫の手を取って歩行を助けてくださった方、病状を心配して、手紙や携帯電話で元気づけてくださった方等……夫は多くの人に支えていただいたことを心から感謝しておりました。本当にありがとうございました。

また夫の著書『しんじゅがい』を読んだり、感想を寄せてくださった皆様に厚くお礼申し上げます。

これまで私は夫の講演を聴く機会はほとんどなく、夫がどのような表情でどのような話をしていたのか分かりませんでした。

しかし、一時帰宅するようになってからは、講演会場まで夫に付き添って出かけるようになりました。

資料は準備しておりましたが原稿は一切見ることなく、常に客席の皆様に向かってにこやかな笑顔でやさしく語りかけておりました。

会場の皆様は頷《うなず》いたり笑ったり、時には涙したりしてじっと耳を傾けてくださっていました。

そして最後にはハーモニカの演奏で締めくくっておりました。

私自身夫の姿がとても新鮮に写りました。家ではめったに見られない姿だったからです。

いつも皆様にこのように温かく受け入れてもらって聴いていただいたことを、夫はさぞうれしく思っていたことであろうと思います。

校長就任以来８５５回の講演講師を務めましたが、皆様の温かい励ましがあったからこそ実現できたのだと思います。本当にありがたいことだと思いました。

夫が亡くなってから日増しに寂しさは募《つの》りますが、夫の遺言を心に刻みこれからは家族皆で力を合わせ仲よく明るく元気に生きていこうと思います。
天国にいる夫に再会したとき「よくがんばったじゃないか」と言われるように……。
そして死ぬときによい人生だったと笑えるように。

藤原秀子

目次

一、入院記録

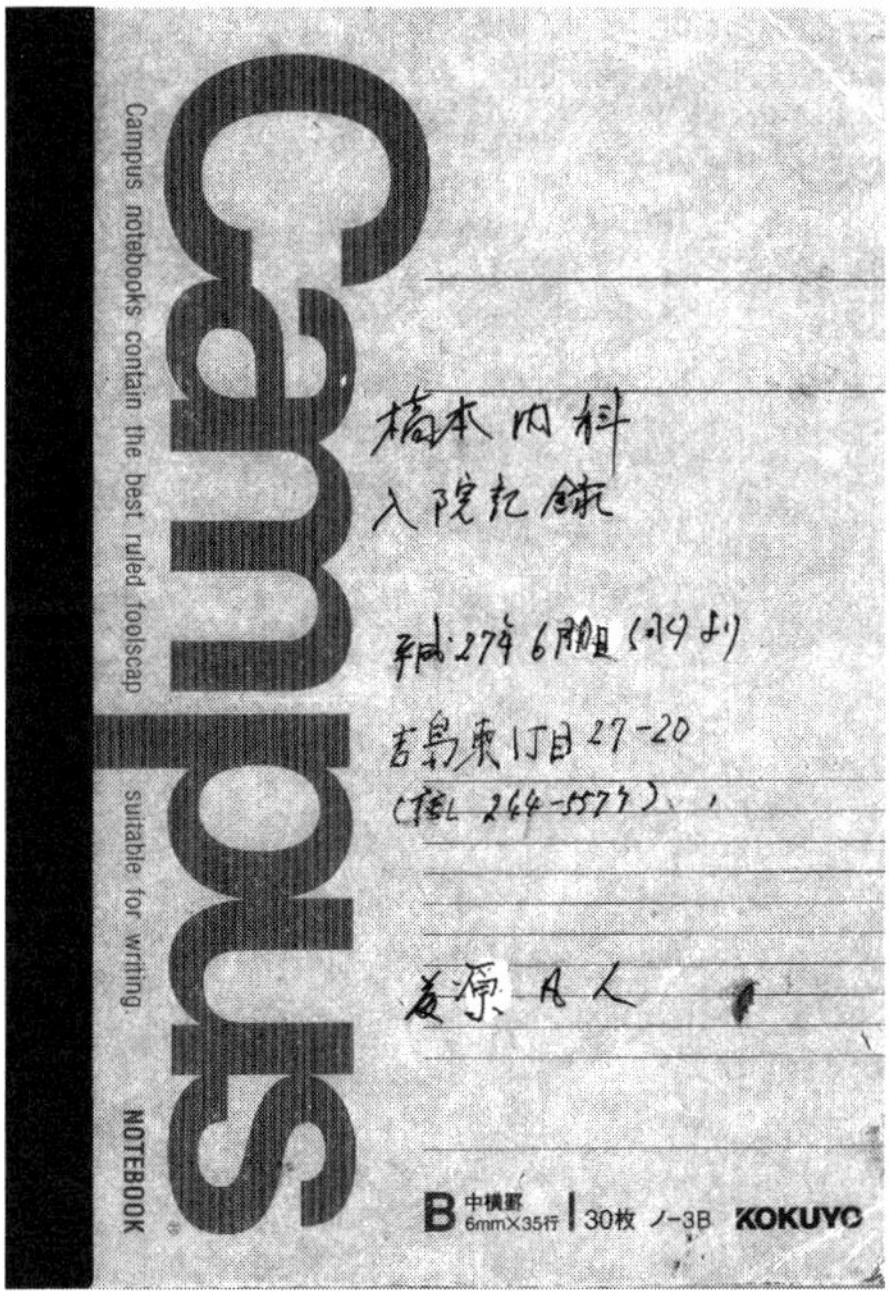
Campus
Campus notebooks contain the best ruled foolscap suitable for writing
NOTEBOOK
橋本内科
入院記録
B 中横罫 6mm×35行
30枚 ノ-3B
KOKUYO

平成27年6月10日（水）

広島市中区吉島東にある「はしもと内科」へ緊急入院
10日午後、庭の花の世話をしていて、花だんの上へ、尻もちをついて転んだ。
そこまでは記憶にあるが、その後、宅内にどのようにして入ったか、全く意識がない。
臨死体験。約10時間の記憶喪失
救急車で病院へ搬送されたようだが全く意識なし
夜中の3時意識回復。
「肝性脳症」体内にアンモニアが充満したらしい。
尿と共に排出。足のむくみもとれて楽になった。

寝不足、食欲なし

6月11日（木）

意識が回復したのは、11日の真夜中午前3時頃。
病名は肝性脳症。

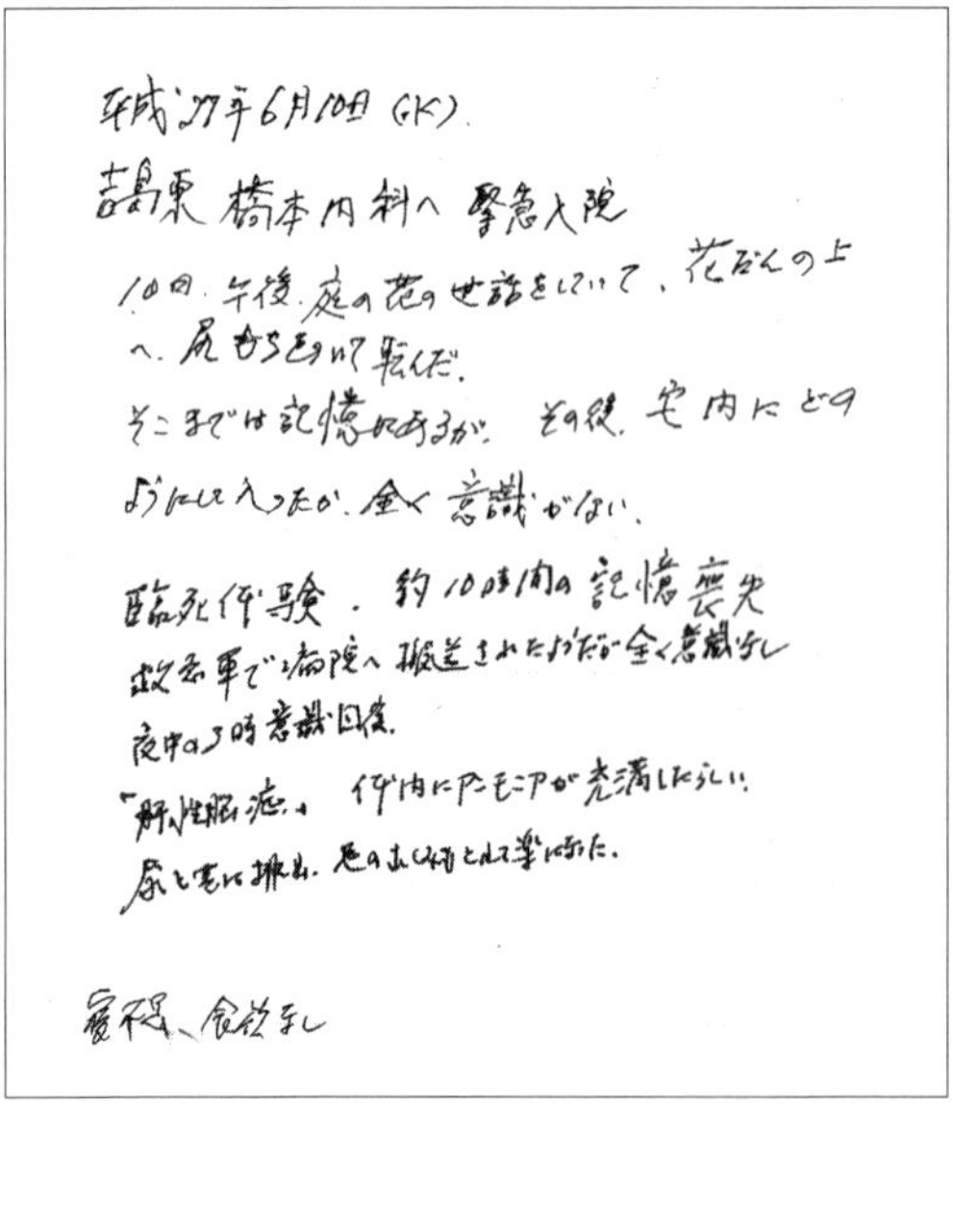
平成27年6月10日(水)
吉島東 橋本内科へ 緊急入院
10日 午後 庭の花の世話をしていて、花だんの上へ、尻もちをついて転んだ。
そこまでは記憶にあるが、その後 宅内にどのようにして入ったか、全く意識がない。
臨死体験。約10時間の記憶喪失
救急車で病院へ搬送されたようだが全く意識なし
夜中の3時意識回復
「肝性脳症」 体内にアンモニアが充満したらしい
尿と共に排出。足のむくみもとれて楽になった。
寝不足、食欲なし

肝機能が劣ろえて体内にアンモニアが充満。
尿として1ℓ排出して楽になる。足のむくみも何ヶ月ぶりかにとれて楽になった。
脳のCT検査の結果、全く異状がないとのこと、ひと安心。

肺のレントゲン
腹部エコー検査
心電図検査
｝何も言われなかったので、異状はなかったのだろう。

寝不足、食欲なし

6月13日（土）

採血…血液検査（3本）
蒸しタオルで、体の清浄
食欲が出てきて、昼食、夕食…完食
直樹、亜紀子、3人の孫
由利子、直純、謙亮、小雪が来る。

点滴

6月14日（日）

6月10日のこと

死の淵からの生還

10月10日の午後、時刻の記憶はないが、たぶん3時〜4時頃だったと思う。

花だんの世話をしていて、ゼラニウムの花の上に尻もちをついたのを憶えている。

その前から、足がふらついてはいた。

それ以後、どのようにして家に上ったか、家の中でどこで座っていたかも全く記憶にない。

とにかく、呼吸困難で苦しかったが意志表示もままならず、動かしてほしくなかった。

その後は、意識不明になったので、たぶん死人のようになっていたのだと思う。

気がついたら、午前3時、はしもと内科のベッドの上だった。

看護師さんが、おしっこ1ℓ出て、新記録ですよ、と話してくれて、かすかに気もちよかったことを思い出した。

これからは、後で聞いた当日夜のこと

2週間に一度しか我が家に上って来ない娘、由利子がたまたま我が家まで妻を送って来て、居間に座っていた私の表情を見て、これは普通ではないと感じたらしい。小雪も、普段なら、よく来たねと、笑顔で抱っこするのに無表情、無反応の私を見て、いつものじいじいとちがうと言って、2階の階段で泣いていたという。

小さな胸を痛めさせて、かわいそうなことをした。後で救急車を追いかけて、病院まで来たようで、次の日、学校であくびばかりしていたとか…。

そんな中、由利子がはしもと内科へ電話してくれて、何時になっても待っているから、救急車で来なさいと言われ、たまたま、府中町の救急車は、出払っていて、青崎の救急車で病院へ着いたら、玄関まで橋本義政院長先生をはじめ4名のスタッフの方々が、待ちかまえてすぐに適切な処置をしてくださったようだ。

そういう偶然の中で、運よく死の淵から生還できた。


妻、秀子のお陰。

娘、由利子のお陰。

孫、小雪のお陰。

はしもと内科、義政先生のお陰。

はしもと内科スタッフのみなさんのお陰。

青崎救急隊のみなさんのお陰。

みなさん、どうもありがとう、感謝の気もちでいっぱい。

後で、後悔しなくてよいように、いつ、人生の終末を迎えてもよいように、思いを残しておくことが大切だと思い、このノートに記録を残すことにした。
この度の叙勲受章で一応の人生の区切りはついていたが、更に、第3の人生を与えてもらったので、これからは他者の思いを温かく受け入れて、充実した人生を過ごしたいと思っている。

6月15日（月）
夕方、初めてシャワーを浴びた。
素裸で、介護士さんに全身を洗ってもらう。
とっても気もちがよい。生き返った感じ。

今夜から、寝る前にコップ一ぱいの薬

6月16日（火）
採血
点滴
睡眠十分だが、食欲なし
朝食8割食べる
昼食はぬき　夕食は完食

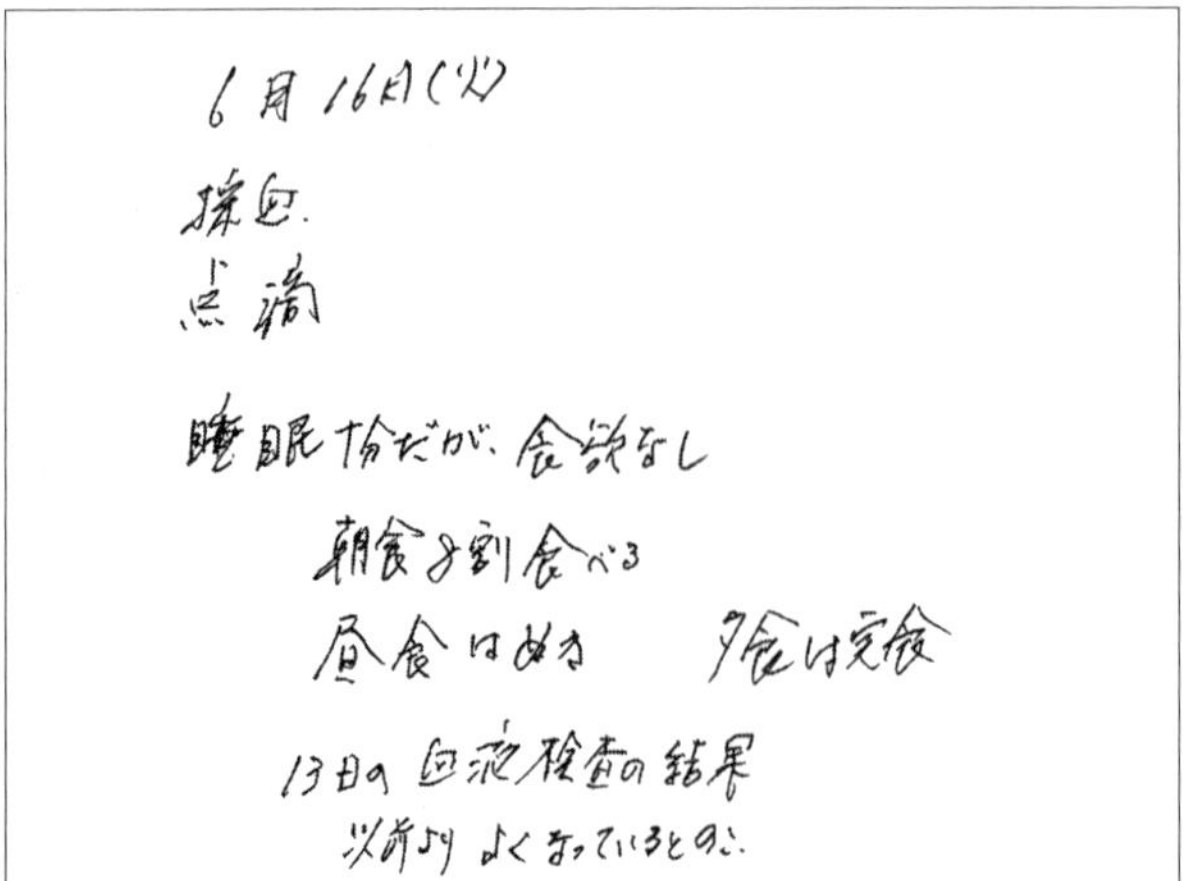
6月16日(火)
採血
点滴
睡眠十分だが、食欲なし
朝食8割食べる
昼食はぬき　夕食は完食
13日の血液検査の結果
以前よりよくなっているとのこと

13日の血液検査の結果
以前よりよくなっているとのこと

6月17日（水）
入院後初めて便通あり
これから益々、体調が回復するだろうとの義政院長先生の言葉
毎日一回必ず面会してもらって心強い
朝食完食、昼食8割、夕食8割

6月18日（木）
入院後、血圧、体温、酸素値
全て正常
今朝、血圧やや低め104・66
夜116・67

今朝は、眼鏡をかけて眼鏡をさがすこと20分間
まぬけなことよ。

このところ、晴れたり降ったりのようだが、病室では関係なし

6月18日（木）

見えなくてもいいじゃない——大切なのは生きざまですよ

今回の意識不明の入院で気もちの割り切りがついた収穫物があります。そりゃあ、見えないよりも見える方が良いのはあたり前ですが、これまでのように、目のことが気にならなくなりました。

死の淵をさ迷った経験を通して、目より大切なものが沢山あることに気づいたのです。

自分を大切に思ってくれる妻や、娘、息子、孫たち

自分をいたわってくれる身近な教職員

これまで、信頼を寄せて支えてくれた多くの人々

この人たちのためにも、人生の終末期を毅然と生きていきたいと思います。

愛する妻秀子様（平成27年6月19日）

今の時期に、お礼を言ったりするのは、これからがこれまで以上に世話になるのに早すぎるのだけれど、今回、人生の終末は、いつやってくるのかわからないので最低限のことだけは、意思表示

しておこうと、ペンを動かせています。

結婚以来、46年間、わがままな私を、よくめんどう見てくれて、感謝しています。ありがとう。

外面はよいのに、家の中でわがままばかり出して、申し訳なく思うけど、お陰で、わが家で心身の回復をして外で、自分をコントロールして、役目を果たして来られました。

いちばん未熟で、いやな部分ばかり見せてきたことを、お詫びしながら、すばらしい妻に出会えたことを感謝しています。

叙勲を受章して、皇居へ行った時、喜んでくれたことで唯一、妻孝行できたと思っていたら、今回の緊急入院で、また心配かけることになってしまって申し訳なく思います。

6月19日（金）
血圧、脈はく、体温、酸素濃度
すべて順調

本日、思いがけず、シャワーにつけてもらった。

6月20日（土）
各数値すべて良好

外出許可も出る
点滴2時間で終了

今回の入院で一つ越えたことがある
目が見えないことがどうした
いいじゃないか見えなくても
それより、これからの生きざまの方が大切だ

6月21日（日）（父の日）
血圧やや低め（108〜57）だが、数値はすべて正常範囲
足がむくんで重く痛い。
便通あり。
病院内のホールで、ハーモニカコンサート？
（介護士さんの勧めで入院患者の人たちに聴いてもらう）

6月22日（月）
カレンダーを見ていないので、夏至の日は確かにはわからないが、年間で最も昼が長い頃にまちが

いはない。
◎やはり、今日が夏至でした。
朝風呂へ入れてもらう。湯舟で温まり気もちがよい。
昨晩、足が痛くて一睡もできなかったので、午前中点滴しながら眠る。

6月23日（火）
食事は朝完食
血圧…95～52　やや低い
初めての外出…妻と散髪へ…スッキリした。
栄養士さんの個別指導を受けて認識がかわった。

6月24日（水）
今日から点滴を変える…足が楽になるかも
午後入浴予定

食生活の改善

よいもの

ヨーグルトにブルーベリー	ねりのり （1日さじ1ぱい）
植物性油でいためた野菜 (高エネルギー)	巻寿司（2こ）、カッパ巻き（4こ）
豆腐（1／4丁）	もやし
天プラうどん	ジャガイモ
春さめ	バナナ、玉ネギ、カボチャ
梅ぼし…1日1個	低たんぱくパン、もち (パンはうすいもの)
酢のもの	

悪いもの（高たんぱく）

肉うどん	おもち（低たんぱくのものを売っている）
刺身	みそ汁はうすめ （1／2にうすめる）
牛乳	チラシ寿司…多く食べすぎる
肉、魚は少量にする	
卵	
カツどん	
お好み焼き	

食後1時間は安静を保つ

数値はすべて良。
思いがけず入浴をさせてもらって気もちがよい。
体重がこの1週間で3kg増えた。64・5kg
足にたまる水分ではないか?
今日は、大が二回出る(座薬)。

6月27日(土)
17日ぶりに外出許可、夕方5時まで自宅
久しぶりの家、すぐ風呂に入る。
9時半勉強会
話題「広島県の防災教育」
1日、自宅でやや疲れたが、足がふらつかなくなった。
大1回、自力で出る。

6月28日(日)
数値相変らず順調
食欲もまずまず…2日以来すべて完食

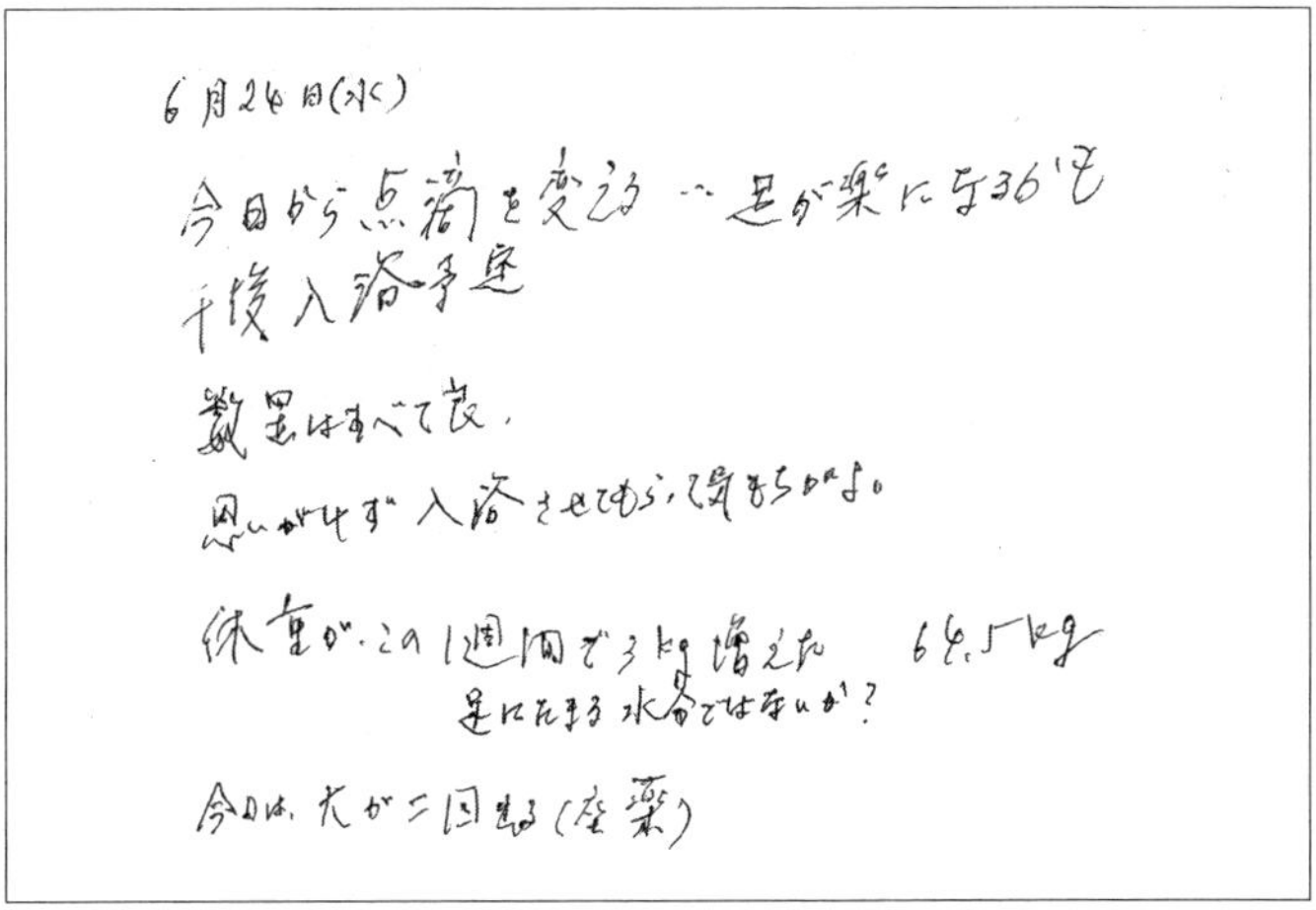
6月24日(水)
今日から点滴を変える…足が楽になるかも
午後入浴予定
数値はすべて良。
思いがけず入浴させてもらって気もちがよ。
体重がこの1週間で3kg増えた　64.5kg
足にたまる水分ではないか?
今日は、大が二回出る(座薬)

点滴
静かな1日、足が楽になっている。

6月29日（月）
朝食後一番に風呂
数値良好
採血
点滴
書を書いてみる
詰所に渡す↓
血液検査の結果、アンモニアの数値が上昇しているのが、
気にかかる。

6月30日（火）
血圧等、数値、相変らず順調
午前中点滴

今日から新しい薬、加わる。
大が出ればよいのだが…。

書を書く。

7月1日（水）
今日から月が変って7月
思いがけず夕方風呂
夜中に大が出てスッキリ
1日3回出る
本来の調子

体重65・1kg
おしっこ…1日16回、よく出る

7月2日（木）
午前中大1回

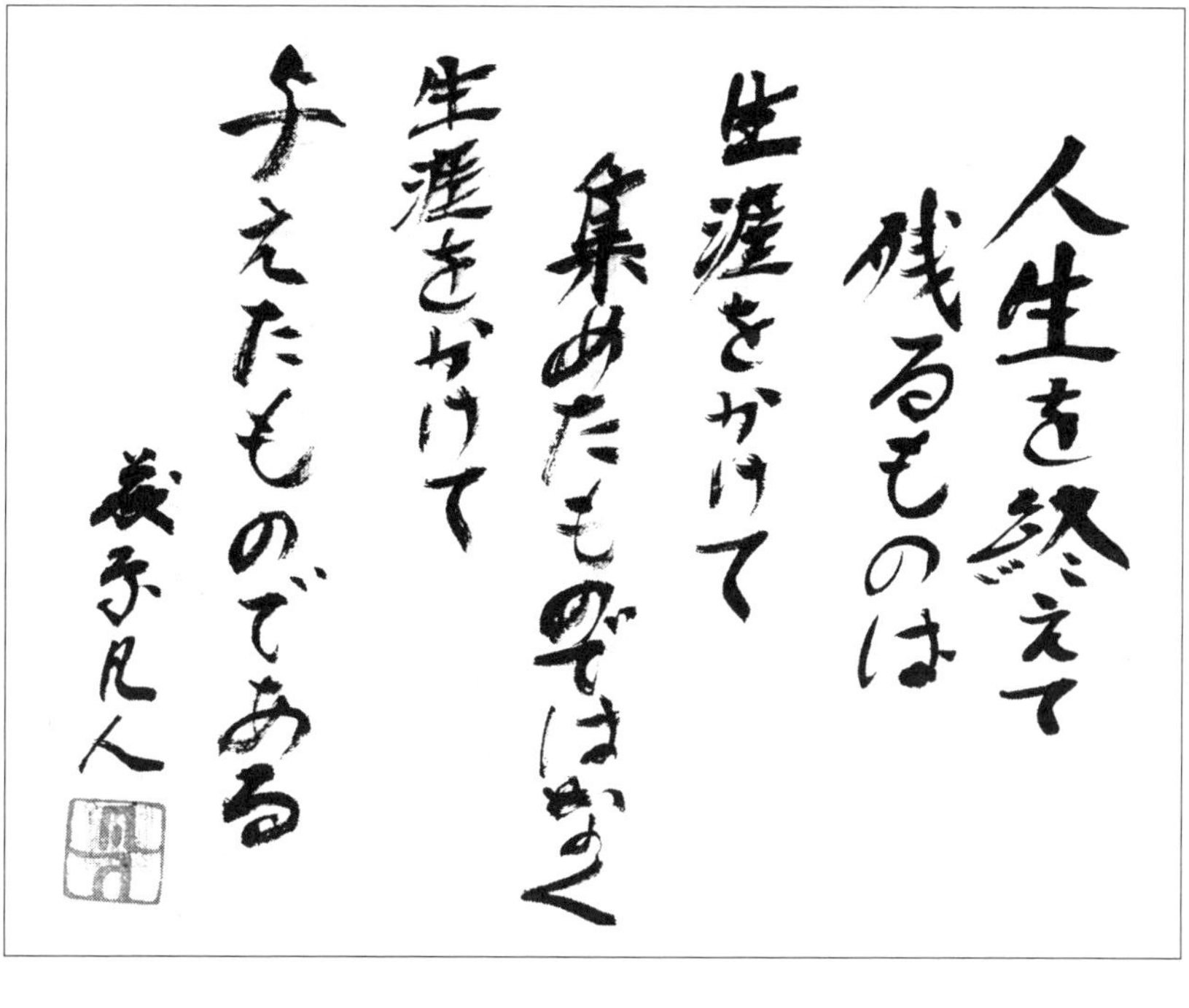
人生を終えて
残るものは
生涯をかけて
集めたものではなく
生涯をかけて
与えたものである

午前中点滴
静かな1日、食事このところすべて完食

介護士さんに色紙2枚プレゼント

7月7日（火）
今日は七夕
院外へ散歩に出てもよいとのこと、筋肉をつける目的で

午後、外出して足の訓練。100円ショップへ行く。
わずか往復200m位だが、帰りは足が重い。

7月11日（土）
文字が見えず、乱れる。
今日は一時帰宅…直純さんに迎えに来てもらい、由利子が送って
くれた。（小雪も）
月1回の勉強会

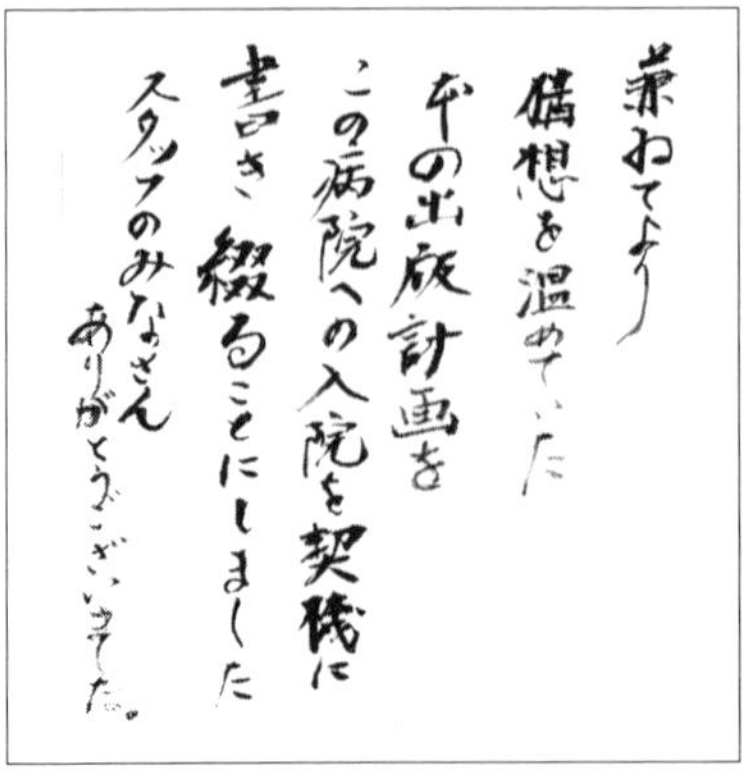

一日中、横にならずに過ごした。
孫の小雪も一人我が家でじゃまをせず過ごした。

夕方、由利子が送ってくれて、由利子、小雪と一緒に夕食をとる。

7月15日(水)
数値良好
点滴(アルブミン)昨日から足が少し楽な気がする。
入浴

7月16日(木)
台風11号の接近がニュースで報道されるが、病院内は天候とは関係なし。室温が低いのでセーターを着て生活。
初めて、デイケアの健康器具でトレーニング
最初からがんばり過ぎて頭に血が上る。

7月25日（土）
数値良好
午前中、ダイソー、ファミリーマートで買い物、散歩
宮島の花火、屋上から見学、よく見えた。
一日中、よく睡眠…食事以外はすべて睡眠

8月1日（土）
数値良好
朝、ウォンツ、ファミリーマートまで散歩
さすがに暑い。
夕方、デイケアーで筋力トレーニング
歩き方の基本

8月2日（日）
朝、散歩に出たが、足が重く、気分が悪くなった。
体温37・5度（入院以来最高）
胃薬を買って来たので、キャベジンを飲む。内科で出してもらった胃薬も飲む。

昼前には、気分も治ったが、食べ過ぎが気になるので意識的に食事を半分にした。
今日は日曜日で、デイケアーも休み

8月3日（月）
昨日、朝散歩に出て発熱したので自重する。
3時から入浴

8月7日（金）
尾道より直樹一家が見舞にくる。
「絵本との出会いひろば」（府中ひかり保育園 地域子育て支援センター）に悠登・知登が参加して絵本の紹介
銭太鼓を披露

8月9日（日）
朝の計測問題なし、血圧は相変らず低い。
昨夜は夜中の仕事をやめてよく眠った。
日曜日は病院もややのんびりしている。

8月15日（土）
自宅で一日休養
謙亮、小雪、堀越の盆踊りの仮装大会で「水戸黄門」を演じ、第一位になる。
賞品をもらい大喜び

8月16日（日）
県民文化センター「心書倶楽部展」初日、オープニングでのハーモニカ演奏。
予想より多くの人が来てくださり、まずまずの出来。

8月17日（月）
9時30分病院へ帰る。大雨警報が出る。

8月19日（水）
朝は平熱に下がる。
体重72・5kg、いかにも多い。
減らすため食事を半分にしたら、それはよくないとのこと

8月20日（木）
午前中、アルブミン点滴
昼食後、県民文化センターの書展、その後青少年センターでの「教育を語る会」に参加
5時過ぎから書展の打ちあげ会へ
夜7時過ぎ病院へ帰る。
何故か、寝つきが悪く、一晩、ほとんど睡眠とれず寝不足

8月24日（月）
肝臓エコー検査
良くもなっていないようだが悪くもない
それにしてもまだ時間がかかりそう

8月26日（水）
体重測定　72・5kgにはびっくり
体温が測定の度に安定せず
ウォンツまで午後散歩

8月30日（日）
定例の勉強会　昼食はカレー
午後2時より藤井幸子先生宅でピアノの特訓
なかなか難しい

8月31日（月）
午前中、府中町教育委員会で、「教育を語る会」夏の研修会の講師、武村重和先生の資料印刷

9月1日（火）
注射による利尿剤
トイレ10数回

9月2日（水）
東雲小学校で教育実習生に講話
くつが入らず帰りはスリッパ

9月4日（金）

朝、８時半より安芸区民文化センターへ
あすの「ローズコンサート」（藤井幸子先生代表）リハーサル

9月5日（土）
ローズコンサートの本番　観客数１５０名の盛況
ピアノはうまくひけなかったけれどスピーチでカバー
後半は、「港」「浜辺の歌」の歌を披露
学生服を着る
夜は打ち上げ……早めに帰る

9月6日（日）
「教育を語る会」夏の合同研修会（府中町、くすのきプラザ）
あいにくの雨で、参加者は多くなかったが内容のある会ができた。
講師　元文部科学省調査官　武村重和先生
演題「グローバルな視点から見た日本の教育」
「新しい教育を広島県から発信する」

府中町の教職員、府中町教育委員会職員が、気もちよく手伝ってくれたことが嬉しい。

9月9日（水）
府中の自宅から、福山の広瀬小学校へ
講演快調、久しぶりに音声を出したので、やや疲労感
腹がへって、広島駅で迎えに来てくれた妻とウナ重、日本天ザルソバを食べて満足
由利子も二人の孫を連れて迎えに来てくれて、病院まで送ってくれた。
橋本病院へ8時過ぎ着。

9月10日（木）
昨夜は疲れのため熟睡
朝から利尿剤注射でトイレ通いが忙しい

9月12日（土）
向原小学校、向原中学校で講演

9月15日（火）

足はずい分スリムになったが逆にアンモニアは増えるとか
とてもやっかいな病気
しっかり外に出て足をきたえるのがよいとのこと

9月18日（金）
三次市田幸小学校　研究発表会へ
講演（テーマ）「自ら伸びる　みんなで伸びる」

9月20日（日）
夕方、直純さんの車で病院へ帰る。
直純さんの出張（中国）が決まったとのこと

9月21日（月）
昨夜、睡眠不足のため昼間4時頃まで寝ていた。
全く休養日
入浴

午後散歩に出てころぶ。
ほほに切り傷
みんなに迷惑をかけた。

9月22日（火）
転んだ時にこわれた眼鏡を修理して持って来てくれる

9月23日（水）
体重測定　68・4kg　やや太り気味

9月26日（土）
自宅で勉強会
昼食に栗（三次の家で拾った栗）ご飯とおでんで好評

9月27日（日）
一瀬さん、足をもみに自宅へ来てくれる。
妻は三次へ栗拾いに（友だちの脇田さんの車で）大収穫

夜、6時、一瀬さんが車で送ってくれて病院へ帰る。

9月28日（月）

夕方5時半頃、病院へ帰る。

何の異状もなく無事帰院したが、その夜、今までに感じたことのない痛みに右脚がおそわれる。痛くてその夜、一睡もできず、次の日の昼間も痛みが絶えずおそって来る。どうしようもない苦しみ、夕方4時頃、やっとエコーをとってくれて、点滴、抗生物質の痛み止めで、どうにか息がつけるようになった。

28日夜うそのように痛みがとれて、まるでうそのような回復ぶり。

9月29日（火）

昨夜の抗生物質がよく効いて今朝は楽

右脚ひざから下は、痛みはまだあるが、耐えられないほどのものではない。

採血のため、朝食を9時まで延ばす。

10月2日（金）

今朝は目が早くさめて、服着がえ、風呂の準備

この頃、夜中に便所に行くことが少なくなった。昨夜は2回

午後散歩に出かけて転倒
左顔面裂傷
迷惑をかけた。何針か縫う。

10月4日（日）
義理の姉、椚原和子さん、逝去
いつも笑顔で我が家に来て体調のことを心配してくれたやさしいお姉さんだった。

10月6日（火）
今日は、平松整形外科で診察を受ける。午後2時
平松整形外科へ緊急入院

10月9日（金）
72才誕生日

10月11日（日）
「はしもと内科」の橋本院長見舞に来てくださる

10月16日（金）
平松病院から、「はしもと内科」へ戻る

10月17日（土）
体重71・5kg
階段歩行訓練
足は軽くなったが、それでも息切れがする。

10月30日（金）

女学院大学の講義に行く。妻も一緒に。

講義中、妻も私の講義を聞いていた。こういうことは、私も妻も初めてのことで、新鮮な気分だった。

学生たちの態度もよく、話がしやすかった。

内容は、戦後価値観が西洋化したこと。プラス面もあるが教育は、西

6　価値の自覚

○　「成長」・・・「価値の自覚」ができるようになること

7　学校・家庭・地域の連携

○　温かいまなざし

○　姿・声かけ

お母ちゃんが「気をつけてね」といった
ぼくは「はい　行ってきます」と言った
お母ちゃんの声がついてきた
学校まで　ついてきた

（子どもの詩集「おかあさん」より）

8　『生命の燃焼感』を感じて生きる

○　価値を自覚して・・・

○　駅伝ランナーのように・・・・

土と草
金子みすゞ

かあさん知らぬ
草の子を
なん千万の
草の子を
土はひとりで
育てます

草があおあお
しげったら
土はかくれて
しまうのに

		親・教師	
		意識有	無意識
子ども	意識有	教化	倣化
	無意識	感化	薫化

（「美しき日本の家庭教育」丸山敏秋著　致知出版社）

学校は
子どもたちが
育つ土壌です
やわらかく
あたたかく
うるおいがあって
新鮮な空気のある
土の中で
植物がしっかり
根を張るように
子どもたちの
「根っこ」が育ち
芽がふく土壌を
つくりましょう
花が咲くのは
ずっと先の
ことでしょうけれど
「根っこ」がしっかり
育っていれば
やがて自力で
咲くでしょう

ふじわらかずと

※ ブログ『　しんじゅがい　』　http://sinjyugai.cocolog-nifty.com

一、入院記録

資料

子どもを育むということ

平成27年10月30日
広島女学院大学講話資料
藤《ふじ》原《わら》凡《かず》人《と》

1　子どもが育つ背景

○　“自由”の誤認

○　共通規範の崩れ

> 学校は
>
> わたしが　わたしになるところ
>
> あなたが　あなたになるところ
>
> 自分を育てるのは　自分です
>
> 自分を動かすのも　自分です
>
> ふじわらかずと

2　「子ども」というもの

○　活動が思考より優先

○　価値の見極めが苦手

3　活動への意味・価値づけ

○　「評言」と「感性」

・評言・・・子どもの活動への価値づけ・意味づけ

・感性・・・価値あるものを見つける力

4　育つのは子ども自身

○　自分は自分の運転手

○　「自信」はやる気の原動力

○　「教育」の要点→子どものやる気に着火すること

“人間は感ずるとき行動をおこす”

5　育てたいもの

○　人間の『根っこ』・・自ら伸びる意思

“　自分を育てるのは自分　”

・基礎学力

・道徳性

講義後の感想

藤原先生はスポンジのような方だな、とまず思いました。先生ほど温厚で、現代の思想や流れを受け止め、その受け止めたものの中から自分の考えもしっかりとお持ちでした。とてもかわいらしい方だとも思いました。

先生の話しぶりや先生のお言葉の中にはとてもあたたかみがありました。自分の知らなかったこと、「そういえばそうだ」と思わされたりと、とても勉強になりました。あっという間のお時間でした。 教師として持っていてほしいことのほかにも、自分の人生の中でこうすると良い、というお考えなどを具体的に示してくださったことが本当に嬉しく、充実した気持ちです。 自分の心がやさぐれてしまったときに、今回の先生のお言葉を思い出そうと思いました。稚拙な文章でごめんなさい…。本当にありがとうございました。

講義後の感想

藤原先生のお話は、始めから終わりまで全て自分のためになる素晴らしいお話でした。子どもためにに出来ることを1番大切にできる教師になりたいと思いました。"ほめる"ということについて、特に本人の気付いていない良い部分を伝えることで、自信につながるということを、ただほめるだけではなくそのような部分に注目したいと思いました。私自身も、自分だけでなく周る人に支えられ先祖からつながれた命であることを知り、ただ生きるだけでなく現在を大切に生きて良い過去をつくりたいと思いました。

本当に感動しました。ありがとうございます。

講義後の感想

子どもにとって、ほめられることはとても嬉しいものだと改めて知った。「活動的」という子どもの良い面を上手に伸ばせられる評言ができる先生になりたいと思った。

幼い頃から自信を持つことはとても大切だと思った。

自分が産まれるため、10代遡るだけで1024人、20代だと100万人、30代だと10億人以上と聞いた時はびっくりした。たった1人の人に繋ぐためにこんなに多くの人が関わってきたんだ、もっと命を大切にしなくては、と思った。

安武はなちゃんのお話は涙が出てしまった。私がはなちゃんのおじいさんの立場であったら、産むことを止めていたと思う。産むことを決心した家族はすごいと思う。

今後、自分の意見をしっかり持ちつつ、他人の意見も受け入れられる、柔軟な大人になりたいと思う。 素敵なお話、ありがとうございました。

講義後の感想

今回の講演を聴き、藤原先生の落ち着いて温かいお人柄と、
お話される言葉が一つ一つ胸にしみました。
私は結果ばかりを求めて合理的なものに不信感を抱いたことがありますが、今日それを教育にもってきてはいけない、中身が大切であるということをお話され、また、大人の役割は子どもを認めているということを実際に口に出すことが大切であるとおっしゃったことがとても印象的でした。最後にお話された豊かな人生を送るためにはどうすべきかということについて、時には自分の中のもやもやしたものを我慢し、自分の心は自分でコントロールできるようになりたいと思いました。
ありがとうございました。

講義後の感想

藤原先生は、評価を評言とおっしゃっていた。しっかりと口に出して評価することによって、子どもたちは、励ましになり、やる気、自信が持てる。私も、小学校教諭ではなく、保育士になるけれど、幼児たちにも、しっかり口に出して評価していきたいと思った。

また、良い先生の条件で「考えを押しつけない先生」はとても大切だとおっしゃっていた。子どもたちの、考えを大切にして、良い先生になりたいと心から思った。

講義後の感想

藤原先生のお話を聞いて先生になってからの事だけでなく、現在の自分の人生を考えるきっかけにもなりました。教師の一番の仕事は子どもたちのやる気に点火する事であるとお聞きして、たしかに自分の好きな先生や科目だとやる気が起きるけど、好きでない先生や科目だとやる気は起きないなと思い、いかに子ども達にやる気を起こさせるかだなと学びました。教師や保護者は子どもの活動に意味づけ、価値づけをしてあげて自信をつけさせてあげる役目があるのだなと分かりました。教師＝子どもに教えるのではなく、子どもから学ぶこともたくさんあると知りました。そして今を楽しく元気に生き、ついてきても良い過去をつくっていくと聞き、今の人生を悔いのないように生きていこうと思いました。ありがとうございました。

洋的価値観にそぐわない部分がたくさんあること。
理よりも情が大切であることを話す。
「評言」活動
教化、感化、倣化、薫化等について語る。
教師は教えることを通して、子どもから教えられることも多いなど。
終了後、講義室の黒板を背景に写真を撮ってもらった。
大学のホームページに掲載予定だとか。

10月31日（土）

向洋本町の「洋光幼稚園」に講話に行った。

由利子が送り迎えをしてくれた。

前田瑞枝園長さんの深い教育観に感銘を受けた。

目が不自由でも、出かけたのは、以前講演会で、洋光幼稚園の魅力にひかれていたからである。

11月2日（月）
府中町で児童・生徒シンポジウム打合わせ会
午前中、府中町教育委員会からの電話で気づく。忘れていた。

朝から体調悪く、食欲もなかったが、一度に吹っ飛んで急に気合が入り元気になった。
体温も37・7度で氷まくらをしていたのに急に36度台にもどる。
人間、気もちが大切なんだと思う。

11月4日（水）
三原市立本郷小学校へ講演に行く。（妻もいっしょ）
テーマ「子どもと生きる」
帰りに広島駅で食べたいものを買って帰る。
バッテラ、てんむす、うどん他

11月7日（土）
いつまで視力が保てるかわからないけれど、見えるうちは活字も見るようにしようと意識を変えたら、本日の中国新聞「広場」で、記事を見つけた。説得力のある内容だと感じた。「いのちは大切だと何万回教えられるよりも、『あなたが大切だ』と誰かに言ってもらえるだけで、生きていける」というマザー・テレサの言葉を紹介している。

○　「自信」はやる気の原動力

○　「教育」の要点→子どものやる気に着火すること

“人間は感ずるとき行動をおこす”

学校は
私が私になるところ
あなたがあなたになるところ
自分を育てるのは自分です
自分を動かすのも自分です

5　育てたいもの

○　人間の『根っこ』・・自ら伸びる意思

6　価値の自覚

○　「成長」→「価値の自覚」ができるようになること

7　学校・家庭・地域の連携

○　温かいまなざし

○　声かけ

○　姿で示す

お母ちゃんが「気をつけてね」といった
ぼくは「はい　行ってきます」と言った
お母ちゃんの声がついてきた
学校まで　ついてきた
(子どもの詩集「おかあさん」より)

8　『生命の燃焼感』を感じて生きる親・教師

○　生命・・・自分が使える限られた時間

○　人生は駅伝ランナーのようなもの

○　模範と模倣の教育原理

☆　教化　　☆　倣化

☆　感化　　☆　薫化

○　さすがというもの

○　自己点検・・・歯磨き・洗顔と同じように

○　見返りを求めない行為・・・“幸せ”という報酬

“　この秋は雨か嵐か知らねども
今日のつとめの田草とるなり　”

“お父さんお母さんの子でよかった”

“わたしの先生でよかった”

“この学校でよかった”

“生まれてきてよかった”

※ ブログ『　しんじゅがい　』 http://sinjyugai.cocolog-nifty.com

一、入院記録

資料

子どもと生きる

平成２７年11月　４日（水）
三原市立本郷小学校講話資料
藤《ふじ》原《わら》凡《かず》人《と》

1　子どもの育ちの背景

価値観の多様性という美名のもとに　→　自由の誤認　・　共通規範の崩れ

合理性・効率主義・・・結果主義・説明責任

もの・金優先・・・・・欲望の肥大化→不満・・・外罰性・他罰性

2　育ちのみちすじ　（※参考文献　「佐々木正美の子育てトーク」エイデル研究所）

社会的人格は必ず順を追って成長する

例　首の据わり→寝返り→はいはい

①　乳児期（０～１才）・・・望んだように愛されることにより
基本的信頼感を身につける。
人と自分を信頼する・・「信頼」と「自信」は表裏一体

②　幼児期（１～３才）・・・自律性を育てる。（自制）
失敗してもできるのを待つ。

③　児童期（３～５才）・・・自発性を育てる。

④　学童期（６～１２才）・・勤勉性を育てる。友だちから学ぶ
社会や周囲が期待していることを自発性をもって習慣的に実行できる。

⑤　思春期・青年期（中・高生）・・アイデンティティ（自己同一性）が育つ。
自分の人格をつくり上げ他との違いを明確にする。
そのためには→自己を客観的に見る。
「鏡」を見るようになる。（幼児は見ない）
外見を映すのは→鏡　　内面を映すのは→仲間・友

3　活動への意味・価値づけ

○　「評言」と「感性」

・評言・・・子どもの活動への価値づけ・意味づけ

・感性・・・価値あるものを見つける力

4　育つのは子ども自身

○　自分は自分の運転手

11月8日（日）由利子誕生日

直純さん、中国へ出張中なので、由利子、謙亮、小雪で誕生日を祝ったらしい。（府中の家で、妻と）

真夜中、看護師さんが、私たち夫婦が女学院大学ホームページに掲載されていると、写真を見せてくれる。

11月9日（月）

13：30　娘が迎えに来てくれて、府中中学校児童・生徒シンポジウムの打ち合わせ（15：00より）日帰り

11月10日（火）

エコーの検査

肝臓にガンが生じているか調べるとのことで少々緊張。

結果は、今のところ心配なしとのことで安堵する。

これまで、42才の急性肝炎で死亡確率25％

55才の十二指腸平滑筋腫でほとんど助からない

今回の肝性脳症で死の淵をさまようなど3度の危機を救われて運がよいと思わざるを得ない。

残りの人生、こわいものはない、毅然とした態度で自分の意志を表現したい。

11月11日（水）
府中中学校研究会
シンポジウムの司会と授業づくり講話

妻、体調をくずしていたようだが、昨夜休養して持ち直したようだ。よかった。

午前11時タクシーで我が家へ帰る。

胃の調子が悪く病院を出る時はムカムカしていて、自宅に帰っても昼食が欲しくない。

午後の中学校研究会に行くと、全く体調がうそのように元気になる。

使命感のためか身がひきしまり、児童・生徒シンポジウムのコーディネーターも、時間ピッタリの、内容も充実したものになった。

その後の授業づくりの講話も好評で、気分は良かった。

今回の中学校研究会の主役を務めたようになった。

少々、出すぎの感があるが、人生の先輩として本気で語った。

皆んなが温かくサポートしてくれて心より感謝している。

11月12日（木）

昨日の余韻が残っている。

思った以上に充実感がある。それにしても私の周囲の人たちは温かい。眼が悪いと沈んではいられない。今は人生の充実期のように思える。

妻には、世話になりながら、つい甘えてわがままが出る。昨夜パックにつめてくれた柿を食べながら感謝しているのに、会うとわがままが出るのだろうか。人間として未だ熟していない。妻に詫びる。

看護師さんは大変

下の世話、着替えの世話、食事の世話など、一生懸命がんばっているのに、患者の中には気に入らないとキック、パンチをする人がいる。人間、年令を重ねると、人として磨かれるというが、そんなことはない。とても残念なことだ。

ボケるということは、本性を出すことなのか。

11月13日（金）

病院で夕食後、府中の自宅へ帰る。
我が家は、特に暗く感じて、周囲が見えにくい。日々、眼が悪くなる感じがする。

11月14日（土）
大雨の中、親和幼稚園に講話に行く。
柳川園長のすばらしい人間力にふれて感動話していて涙が出た。こんな経験は初めてのこと。
これまでの講演の中でも会心の講演となった。

帰りに、サーチライトを買って帰る。本当はもっと明るい方がよいのだが、由利子と謙亮が選んでくれたので、それはそれで嬉しく思っている。

11月15日（日）
椚原のお姉さんの法事。
出版業者との打合わせ。
昔なつかしい浜野さんが来てくれて心強い。

11月17日（火）

佐伯区彩が丘小学校へ「心の参観日」の講師として出かける。

雨の中、稲澤教頭さんが、五日市駅まで送迎してくれた。子どもたちの規律ある態度には感心した。すばらしい。主に話したことは〝自分は自分の運転手〟ということ。ハーモニカも好評だった。

11月19日（木）

秀子誕生日

呉の木村眼科へ診察してもらいに行く。

検査のみで、良し悪しの結論は出ず、次回検診12月10日はしもと内科と益田眼科の紹介状で、とても親切ていねいに対応してもらった。

一日仕事で、大変疲れた。妻にも苦労をかけた。

11月20日（金）

彩が丘小学校「ハーモニカ演奏」

午前中、自宅でゆっくりして、午後、はしもと内科へ戻る。

帰宅中、食べ過ぎたのか腹の調子が悪く、夜中に度々便所に通う。一晩に8回程度。

朝になってどうにか落ち着いたようだ。

昨夜の薬が調子をくずした原因かも？

11月21日（土）

昨日記した通り、朝はまずまず。

赤子から幼児にかけて、親の手をかけてもらって成長するが、老いては、また他人の世話になる機会が増えてくる。

こうして人間は1サイクル終えていくのか。

昨夜も看護師さんの世話になった。

感謝することが、日々増えてくるようだ。

11月22日（日）
終日自宅でゆっくり、入浴が一番

11月23日（月）勤労感謝の日
自宅で勉強会

11月24日（火）
午後、大竹小学校ＰＴＡ講演会、石井校長迎えに来てくれる。
ＰＴＡ会長さんに気に入ってもらい、来年もと言われたが…？

はなちゃんの話
車のエンジンのように子どもにやる気を
教化、感化、倣化、薫化
人生は駅伝…子どもを育てる、楽ではないが生き甲斐
幸せの定義…見返りを求めない行為への報酬
みなさん、気もちよく、好意的に受けとめてもらったようだ。
石井校長さんには、遠路、車で送迎、お世話になった。

11月26日（木）
朝から食欲なし

朝食、昼食は食べず。パンは焼いて食べた。(毎日のリズムとして)
妻が買って来てくれたバッテラ巻き寿司を少々食べる。
思いがけず、夕方妻が、スイカと果物パックを買って来てくれた。
これは最高においしかった。

11月27日(金)
今朝は、よく寝て、体調がよい。
食事も完食、妻が買って来てくれる果物が何よりおいしい。
妻には苦労のかけ通し、どうか元気でいてほしい。感謝。
今日から薬の量が少なくなって楽になった。
午後入浴、気もちがよかった。今週ははじめての入浴
彩が丘小学校の校長、教頭、5、6年生児童へ手紙を出した。

府中町人権推進室より講演の依頼
来年5月28日又は6月4日とのこと

筋トレ　階段の昇降

11月28日（土）

よく眠ったが、胃の調子があまりよくない。少々ムカムカ

今年は、季節感を肌で感じることはできなかったが、初夏、盛夏、初秋、秋、晩秋、冬と、いつの間にか季節は移っている。

不思議なことに、入院しているのに、例年よりも真剣に生きたようで、充実感がある。

講演も内容が深いのではないかと、自分で思う。

限られた時間を意識するからだろうか。

11月29日（日）

今朝は胃の調子がよい。

いつも妻が運んでくれる果物が何よりもおいしい。

今日は日曜日、ゆったりした気分の1日になればよいのだが。

11月30日（月）

11月の最後の日、あすから師走

今日は午後3時、妻が迎えに来てくれる。

幼い子が、母に迎えに来てもらうような心境で何だか嬉しい。

私も幼児返りをしているのだろうか。
今回は4日間自宅に滞在できる。
今日は、長年の夢だった本の出版のため、溪水社に契約に行った。
思ったより、ずっとよい本ができそうで楽しみ。

12月1日（火）
今日から12月。
明日は安芸高田市船佐小学校の校内研修会
これで今年度の研修講師は終了
9月以来キャンセルなしで、よく務めてきた。

12月2日（水）
船佐小学校の校内研修会で今年の研修講師は一段落
9月以来、キャンセルなしでよく務めて来た。

妻は三次へ
帰りの高速バスで一緒に帰る。

授業参観が、冷えたため、足が猛烈に痛い。
よく耐えたと自分でも思う。
校内研よりも講演の方が、ずっと楽だ。

12月4日（金）
自宅で休養、入浴が心地よい。
仕事も一段落で安心して休養できる。
9月以降、キャンセルもせず、よくがんばったものだ。
妻のお陰、感謝感謝

12月5日（土）
小雪、ピアノの発表会で、頑張ってよく弾いたらしい。
夕方、病院へ戻る。

12月6日（日）
病院へ戻る。
橋本院長に、本のことを話す。

楽しみにしているとのこと。

夫婦で出かけた研修、講演
10月30日（金）　女学院大学　戸田浩暢教授
10月31日（土）　洋光幼稚園　前田瑞枝園長
11月4日（水）　本郷小学校　西田千加子校長
11月9日（月）　府中中学校児童・生徒シンポジウム

12月7日（月）
府中中学校の研究発表会反省会（くすのきプラザ）
色紙を用意しておく
「自ら伸びる」
「自分は自分の運転手」

12月8日（火）
くすのきプラザで、中学校研究発表会のパネルディスカッション
出演者の反省会

それぞれに
「自ら伸びる」
「自分は自分の運転手」
と書いた色紙を記念に贈呈した。

12月9日（水）

舛野（工務店社長）さんに部屋の中（居間）に、叙勲関係の写真を全て掲示してもらった。

玄関の段差も敷物できれいになった。

台所の機能もガスからＩＨに変更する。

午後、溪水社（出版社）木村事務局長と打ち合わせ。

明日、午後2時、もう一度来宅の予定

12月10日（木）
呉の木村眼科へ
治療不能の難病と宣告を受けるが、ショックはない。
むしろ、上手に使えば、15年もつと言われた方が、心の支えとなる。
医師の一言は重いものだ。次回12月24日、クリスマスイブの日に再度検査を受ける予定

色メガネの使用について
文字の拡大鏡について

12月11日（金）
渓水社、木村事務局長に原稿を渡して契約書を交わす。

12月13日（日）
直樹一家が尾道から見舞に来る。
橋本院長といっしょに写真をとる。

12月15日（火）
2、3日来、トイレ（小）の回数が多い。
更に、明日から、り尿剤の効いた薬を服用するとのこと
簡易トイレまで持ち込んで…。
むくみがとれるといいのだが…。
家からポットを持って来てもらう。

一日、病院で静養

12月16日（水）

体重76・2kg、太りすぎ?

12月17日（木）

「教育を語る会」

府中南小学校のコミュニティスクールについて発表

会長もやめさせてもらいほっとする。

帰りに妻と天どんを食べた。とってもおいしかった。

12月19日（土）

体重71・2kg、3日間で5kg減

目に負担がかかるので、太い筆記用具に変更する。

12月20日（日）

体重71・2kg

12月19日(土)

昨日に続いて 利尿有り
簡易トイレは3日使用
通常 トイレがほとんど

体重71.2kg 3日間で5kg減

目に負担がかかるので太い筆記用具
に変更する

12月20日(日)

体測71.2kg

二、家族への遺言

息子への手紙

同じ屋根の下に住んでいる親子なのに手紙を書くなど、他人行儀でもあるし不自然だなと思うだろうけど、北海道へ行く前に、どうしても胸のうちにあるものを伝えておきたい気がして書くことにしたよ。

想いのすべてを誤解のないように伝えるには、お父さんの表現力では難しいことだけれど直樹の受容力を信じて綴ってみようと思ってね。

今回の採用試験の結果について、多くは語らなくても、直樹がずいぶん落ち込んでいるであろうことはよくわかっているよ。お父さんだって正直いって採用通知がくることを楽しみにしていたんだから、直樹の方はもっとその思いが強かったのではないかと思うよ。

そんな直樹に面と向かって語りかけたかったんだけれども、そうすればなおさら直樹の傷んだ傷口を触る結果になりはしないかと思って黙っていたんだ。

でも、それでは父親としてあまりにも役割を果たしていない気がして、こうして手紙を書くことにしたんだよ。

初めによく断わっておくけれど、直樹を慰めようとか、気休めを言おうというのではないんだよ。そのことは直樹にとってはむしろ負担になって迷惑なことだとよくわかっているから。

伝えたいことは、簡単に言えば、「親に対しては余計な気分をつかわなくてもいいよ」ということだけなんだ。小さい時から直樹の性格はよくわかっている。気が小さいしデリケートだし、人の気持ちもよくわかるから、親に心配かけまいと心を痛めるのではないかと思ってね……。

確かに心配はするし、直樹が心の底から笑える時がくればどんなに嬉しいだろうと、お父さんもお母さんも考えるけれども、思い通りにいかないのが人生であることもよくわかっている。直樹の人生にとって今が一番というような深刻なものではないにしても、大切な時期だとは思っている。こんな時期に余分な神経を消耗しないで欲しいと思ってね。

考えることの多い中で、親にまで気をつかっていたら身がもたないから、せめて親にはわがままを出して、お金が欲しければ遠慮しなくていいし、相談があれば率直に言ってくれればいいし、気を遣わないでいてくれたらいいんだ。このことが言いたかったんだ。

落ち込むときはとことん落ち込んで、底に足がついたらそこからまたふんばってもう一度浮かび上がればいい。しんどい中に、ちょっぴりでも幸せを感じて暮らすこと、これがかしこく生きるということだと思っている。

お父さんは、自分の過去をすべて直樹に話してはいないが、お父さんにも触れられたくない挫折があるんだよ。いつか話して聞かせる時がくるかもしれないけれども………。でも、今のお父さんは、その当時には一刻も早く抜け出したかった負の体験に支えてもらっているんだ。不思議なことだ。人生観も教育観もその体験から創りだしたんだよ。

そのお父さんの人生観の一つなんだけれども、いかに苦しく、思うようにならないことに出会っても、『自分の道は自分で拓く』という考えはずっと今でも変わっていないよ。しんどいだろうけれど、直樹自身の人生は直樹の意思で選択して努力して拓いてほしいと思っている。

そのかわり、直樹が望むことは何でも応えて応援してやりたいと思っている。いつまでもあきらめないで直樹の応援団を続けるよ。決して負担に思わなくていいよ。親の一方的な勝手な思いなんだから。

お父さんは北海道へ行ってくるよ。

この手紙を読んだからといって何ひとつ返事はいらない。表現も変えなくていい。意思表示もしなくていい。今までのままでいい。

前向きの気持ちを持ち続けてくれさえすればそれでいい。

人生すべて結果ではなくプロセスだ。

息子に手紙を書くなんてちょっと照れるよ。読む直樹だってちょっといやだったろうな。

愛する息子

直樹へ

平成13年11月7日

父より

＊　＊　＊

この手紙は、平成13年11月7日夫が北海道へ講演に行く前に書いたものです。封をして、自分が亡くなった時に息子直樹に渡してほしいと私に託したものですから、家の金庫に納めておりました。

以来15年間この手紙は金庫の中で眠り続け、夫が亡くなった平成28年2月27日に改めて金庫から取り出し息子に手渡しました。

息子は15年前に書いていた父の手紙に驚き、やがて涙しながら読んでおりました。

まさに天国の父から息子へのメッセージでした。

これから職場でも家庭でも、より一層責任ある行動が求められる四十代に入り、今後の人生を生き抜く大きな力になったと思います。

藤原秀子

家族への遺言①

10月18日（日）

日々劣える視力に対して、負けない気力をどう保つか人間力が問われる。

自分の意志で生きようなどと思わないようにしよう。

支えてくれる妻がいて、仲間がいてくれることを幸せと思い、感謝して生きる。ありがとう。

日々、弱っていく視力なので、文字が書ける時に記録に残しておこうと思う。

最愛の直樹、由利子、そして妻秀子様

幼い時から、私を父として頼りにして生きてくれてありがとう。親子の別れは、いずれやって来るだろうがお父さんのことは、思い出に残して、親として、社会人として充実の人生を送ってください。幼い時、ナタリーへ行ったり太田川の河原で遊んだことを懐しく思い出します。

直純さんや、亜紀子さんに出会えたことも幸せだったね。お父さんも喜んでいます。

72才までたくさんの方々に支えてもらい感謝の気もちでいっぱいです。

みなさん、どうもありがとう。

藤原凡人

謙亮君、小雪ちゃん、
悠登君、知登君、美琴ちゃん、
あなたたちは、じいちゃんの生きがいだったよ。
将来を楽しみにしていますよ。

家族への遺言②

10月22日（木）
言っておきたい今の気もち
医者は、心配しなくても命は継ぐと言ってくれるが、自分の身体のことは、自分に一番よくわかる気がする。
残された人生は決して長くはない。
人生ドラマの終末をどのようにハッピーエンドにするか、私の課題であると考えている。
私の身辺で、温かく支えてくれた人たちにも、せめて生き方で示すことができれば、恩返しになるのかとも思う。

妻秀子、由利子、直樹、直純さん、亜紀子さん、そして5人の孫たち、みんな心やさしく、気もちよく接してくれて幸せだった。

古いものが枯れて、新しい生命が誕生するのは、大自然の生命現象の法則だから、いずれ枯れていく自分の運命も受け入れて、何の心配もあせりもない、受け入れる覚悟はできている。

だから、私が死んでも、ちょっぴり涙を流してくれたら、それで満足、あとは一日も早く忘れて、自分の人生ドラマをつくることに専念してほしい。

特に、お母さんには、明るく元気に踊りを楽しんで欲しい。みんな時々、お母さんは元気か、気にかけてやってほしい。

みんな、私たち二人が結婚してふえた家族、今では11人、みんな仲よく助け合ってよい人生を過ごしてください。

どうもありがとう。感謝の心でいっぱい。それから少々早いが

さようなら

妻、秀子さんへ

10月25日（日）

入院中も、謙亮、小雪の世話をしながら毎日病院に通ってくれて、心くばりも行き届き、ありがたいばかりです。

こうなったら、生きている限り、あまえて、世話になるのでどうぞよろしくお願いします。

どうか、疲れないように、自分の身体もいたわってください。

それから、趣味の踊りも遠慮なくしてください。

私が、いなくなっても、あまり悲しむことなく、1か月後には笑顔で踊っていてくれたら、私の願うところです。

過ぎ去ったことは、ふり返っても何の生産性もありませんからね。

私が先に逝ったら、気持ちを、すっかり入れかえて、明るくのびのび心おきなく充実した人生を送ってほしいと思う。

1年に1度くらい、私のことをちょっとだけ思ってくれたら、それでいい。

直樹、由利子、孫たちと、笑顔で暮らす生活を心より願っている。

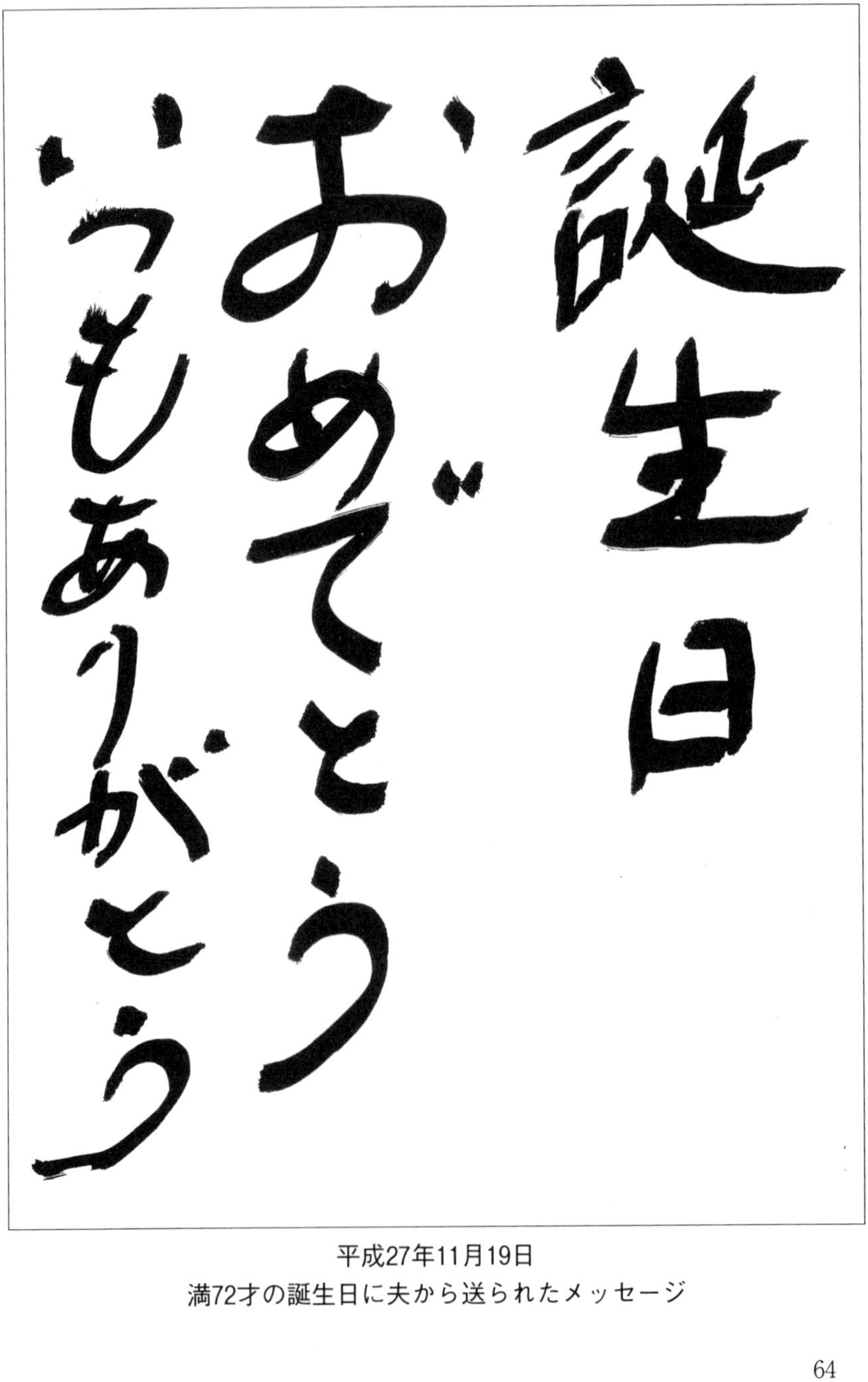

平成27年11月19日
満72才の誕生日に夫から送られたメッセージ

わが妻、秀子へ

昨日は、72才の誕生日。本来ならケーキでも買って祝ってあげればいいのだが。呉の木村病院まで、連れて行って介助の仕事、申し訳なく、今朝は反省している。

私自身には、理性的部分と、情的部分があって、自分でもよく自覚しているのだが、社会的には、理性的にふるまっている。

家では、逆に情的な部分が出ている。情的なと言えば、人情味を感じて、聞こえはよいが、換言すれば、〝わがまま〟な、修業が足りない人間性欠如の部分を表に出して暮らしているだけだ。

言い訳じみて、いやだが、日夜、身体的苦痛に耐え続けて生活していると、ついつい短気で感情的になりやすい。申し訳ないと、その度ごとに反省はするのだが……。

私が、肉体的苦痛に耐える分だけ、妻としては、精神的苦痛を感じていることと思う。耐えず笑顔で、いやな顔を見せないよう努めていてくれることが、私には、とってもよく分かっている。辛いだろうと思う。昨日もそうだった。縁あって、私の妻として人生を送ることになったけど、あれこれいやな事を言うけれど、私は幸せだった。本当に心から感謝している。ありがとう。

昨日一日を終えて、今朝は、この手紙を書かずには居られなかった。罪悪感が、私を責めて……。

素直な気分で、この便りが書けた。心を洗う気分で、……。
今更、遅いが、少しでも自己変革をするよう努めてみることにする。
生きている限り、どうぞよろしくたのみます。

平成27年11月20日、早朝6時。

藤原凡人

今、言っておかないと、一生悔いを残すと思ったから。

凡人より

「人生観について」病床で語る

（平成27年8月）

私は人生観としては、一つだけ与えられた大事な命を何をやりがいにどのように燃焼させるかということだと考えています。

また、その命の燃焼の過程を、自分を主役としたドラマ作りに当てることだと思ってきました。

アメリカインディアンの民族の間に、生まれる時は自分ひとりが泣いていた。だから、死ぬ時は自分ひとりがよい人生だったと笑って死ねるように生きなさいという言い伝えがあるそうですが、私もできればそのように人生を送りたいものだと考えております。

人生観を作るにあたり、先人の生き方の中に学びとなるものがたくさんありますが、特に私は二宮尊徳さんの生き方にとても憧れてきました。ご存知のこの歌ですが

この秋は　雨か嵐か　知らねども
今日のつとめの　田草取るなり

これから嵐がくるか雨が降るかわかったことではないけれど、稲作りにおいて今一番大事なことは、今日は田の草を取ることだ。

今できることで全力を費やす。これはとても大事なことではないかと思います。

また宮沢賢治さんの生き方にも感動するものがあります。多くの人が、他人が自分をどう見るかという問題に意識がいきがちなのですが、宮沢賢治さんは、自分自身の命の使い方について自分に命令する強い生き方をしておられました。

「雨ニモ負ケズ」というあの詩は有名で、皆んな知っていますけれど、あの詩は世の中に発表するために作った詩ではなくて自分自身がこうありたいという自分の決意を表わしたものだと言われます。

その証拠に、宮沢賢治さんが亡くなった時に大事な物を入れるトランクの内側から、それは出てきたわけでありまして当初から発表する予定はなかった。自分自身への問いかけであったし、自分自身への命令であったのではないかと思います。

この春、県北のある小学校の若い女教師が、

「先輩の先生方の一年間の様子を拝見していると、教師の仕事は決して楽ではないことがよく分かりますが、私はこの学校で仕事をさせてもらって一生に一つしかない命を教職に費やすことに迷いなく決心しました。

教職は辛いかもしれないけれど、命を燃焼させるに値する仕事だと思ったからです。」

ときっぱりと皆んなの前で言い切りました。

私は胸が熱くなりました。

我々の価値観が、これは戦後のことですが二者択一的になり損か得か、勝ったか負けたか、〇か×かというような価値観に左右されていて、物の合理性だとか効率性のみが強調される時代になってきましたけれども、人間が営む人生を暮らす以上忘れてはならないことは、人間互いの人情だと思っています。

このことは後に述べる教育においては特に大切なことだと今も思い続けているところです。私自身人情を忘れた世の中の一員にはなりたくありません。それを大事に生きていこうと思います。

現在病気をしたりして自分では辛いことがたくさんあるのですが、何が一番支えになっているかと言いますと、多くの皆さんの私に対する気遣いといいますか励ましてくださることといいますか心遣いといいますか……本当にありがたくて落ち込む暇もありません。おかげ様で前向きに生きることができそうです。

入院中に書いた恩師への手紙

この度の叙勲受章について、住山先生よりごていねいな祝福の便りをいただき、ありがとうございました。

これも、住山先生との出会いがあったからこそと、心より深く感謝しております。

ところが、今の私は、附属時代の教え子が医院長をしている病院へ、入院しています。

六月十日午後、庭の花壇の世話をしていて、後ろへ尻りもちをついたまでは、記憶にあるのですが、それ以降全く意識がなく、約十時間後、夜中の三時に意識が回復するまでは、死の淵をさまよっていたようです。

後で聞いたのですが、その日、めったに我が家には来ない娘が、毎日孫の世話に行っている妻を送ってきて、私の表情のない顔を見て、異変に気づき、普段からかかっているこの医師に連絡したところ、救急車ですぐ来なさいと言われ救急車で搬送されると、病院の玄関に待ち受けてもらっていて、緊急処置をしてもらって命をつなぎとどめたということでした。運がよかったと思い返しているところです。

幸い、脳のＣＴ検査も全く異常がなく、もうすっかり気分も良くて、病院内を一人歩きしています。

昨日、中学生時代からずっと親しくしている友人の湯野興機君が見舞に来てくれて、住山先生のことを懐しく語り合ったところです。

めでたいことと、心配ごとを同時に経験した私ですが残された人生、少しでも世の中のために尽くせるよう心して生きたいと考えています。

二年前、現代の医学では治せないと診断された目の網膜の病気で、文字も書きにくく、ゆがんだ文面になっているかと思いますが、お許しください。

住山先生も体調十分ではないようですが、多くの人々の永遠の師として御身大切にされながらご活躍ください。

八月までの講演等も全ておことわりして、当分この病院で体力回復に専念しようと思っています。この度の意識不明は、肝臓機能の低下によるものです。体内にアンモニアがたまって発症したとのことで、時間をかけて機能回復に努めたいと思っています。

何かと心配をかけてすみません。元気になったらまた報告させていただきます。

平成二十七年六月十九日

藤原凡人

住山恭子先生

孫への年賀状

あけまして　おめでとう
謙亮君、年賀状ありがとう。
今年は、五年生になるんだね。小雪ちゃんが一年生になるから、お兄ちゃんとして、よく世《せ》話《わ》をしてやってね。
じいちゃんは、謙ちゃんに、りっぱな人間に成長してもらいたいと、いつも思っています。すなおで、明るくてほめてあげたいところがいっぱいあるんだけど、あとひとつだけがんばってほしいことがあります。それは、自分の弱い心に負けないようがんばってほしいということです。ゲームをしたくなったり、なまけたくなったとき、"謙ちゃん、だめじゃない"と、自分をしかる謙ちゃんになってください。

竹田謙亮君へ（当時４年生）

あけまして　おめでとう
これまで謙ちゃんは、明るく素直で、やさしい子に育っていてじいちゃんは、うれしいよ。
今年は六年生になる謙ちゃんに考えてほしい言葉を書いてみるよ。

人間には、したくてもしてはいけないことと
したくなくても、しなければいけないことがある。

意味がわかるかなあ。これからは、このことを考えて、自分を正しく運転してほしいと思います。
じいちゃんは、謙ちゃんがりっぱな人になることを楽しみにずっと応援するからね。

竹田謙亮君へ（当時５年生）

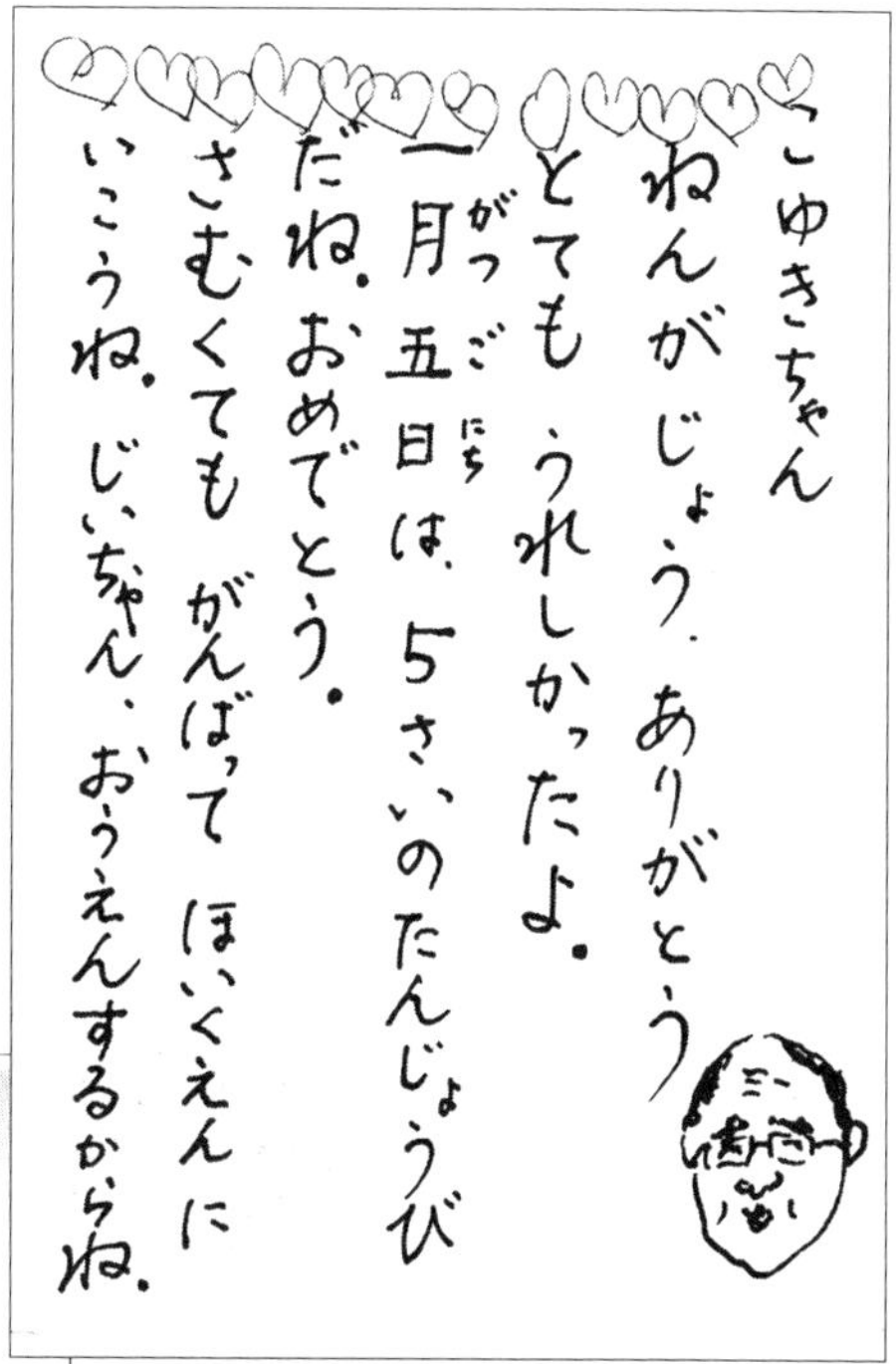
こゆきちゃん
ねんがじょう、ありがとう
とても うれしかったよ。
一月《がつ》五日《ごにち》は、5さいのたんじょうび
だね。おめでとう。
さむくても がんばって ほいくえんに
いこうね。じいちゃん、おうえんするからね。

竹田小雪ちゃんへ（当時４さい）

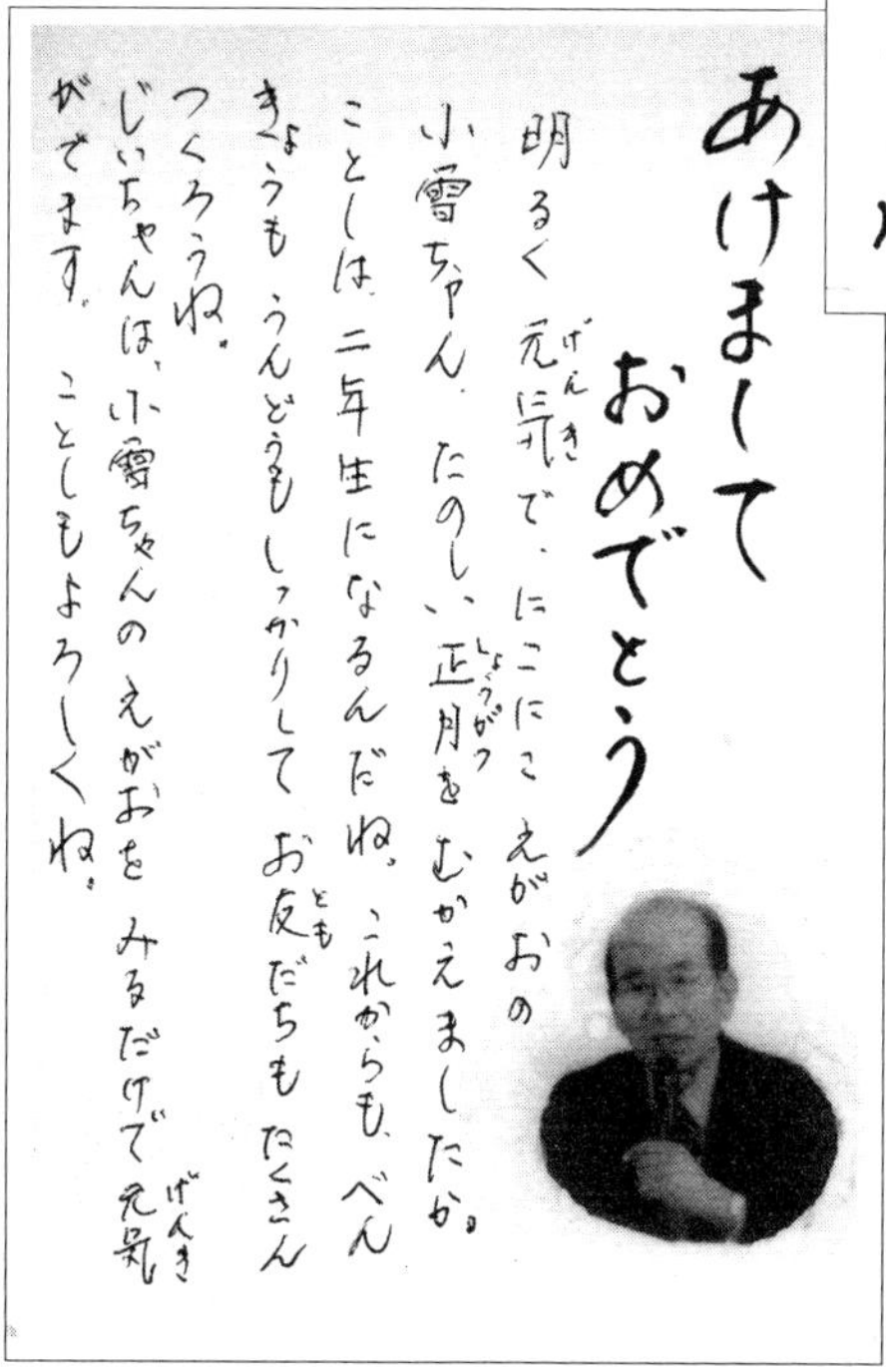
あけまして
おめでとう
明るく 元気《げんき》で、にこにこ えがおの
小雪ちゃん。たのしい 正月《しょうがつ》を むかえましたか。
ことしは 二年生になるんだね。これからも、べん
きょうも うんどうも しっかりして お友《とも》だちも たくさん
つくろうね。
じいちゃんは、小雪ちゃんの えがおを みるだけで 元気《げんき》
がでます。 ことしも よろしくね。

竹田小雪ちゃんへ（当時１年生）

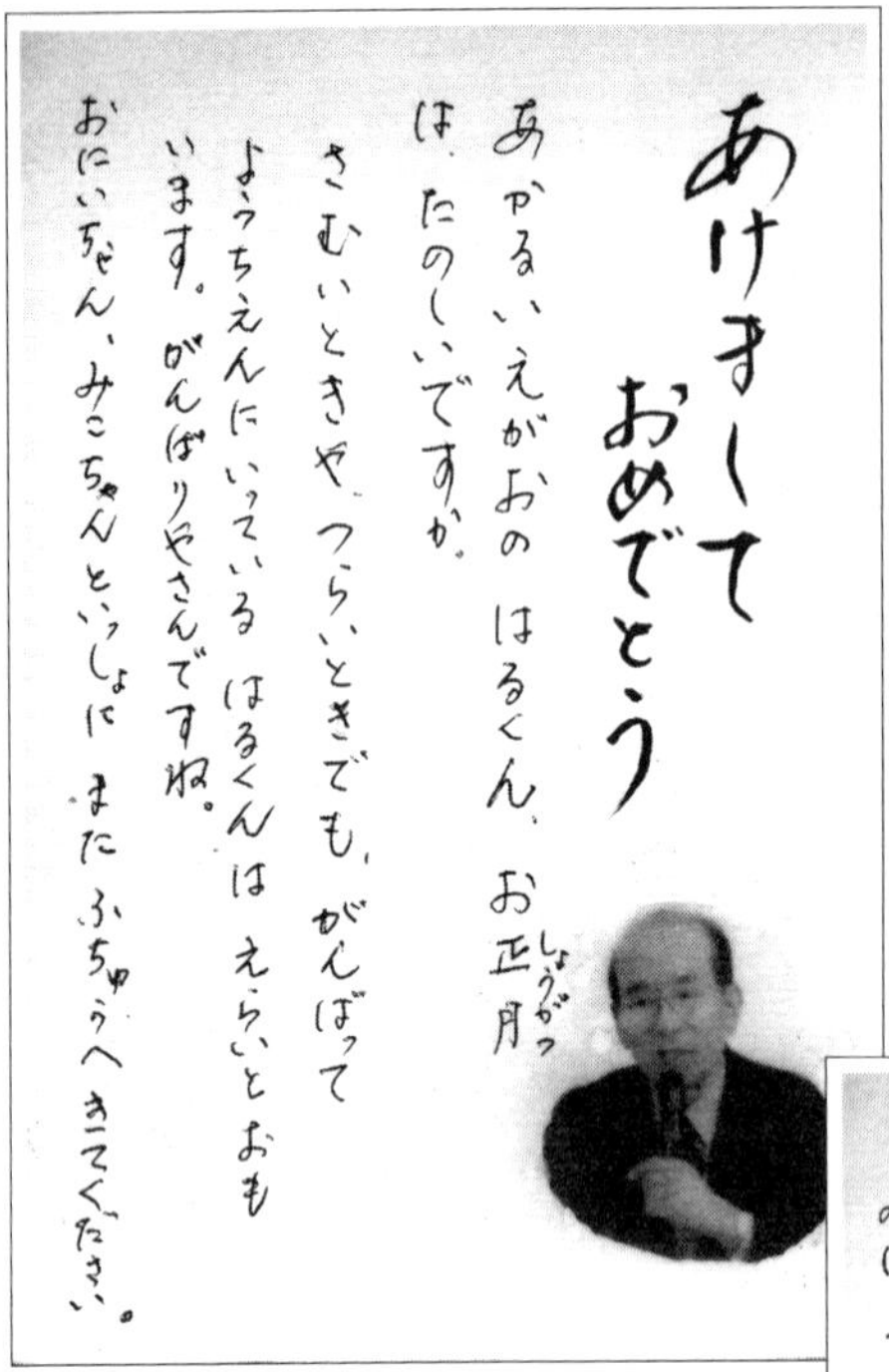

あけまして
おめでとう
あかるいえがおの はるくん。お正月《しょうがつ》
は、たのしいですか。
さむいときや、つらいときでも、がんばって
ようちえんにいっている はるくんは えらいとおも
います。がんばりやさんですね。
おにいちゃん、みこちゃんといっしょに またふちゅうへきてください。

藤原知登くんへ（当時４さい）

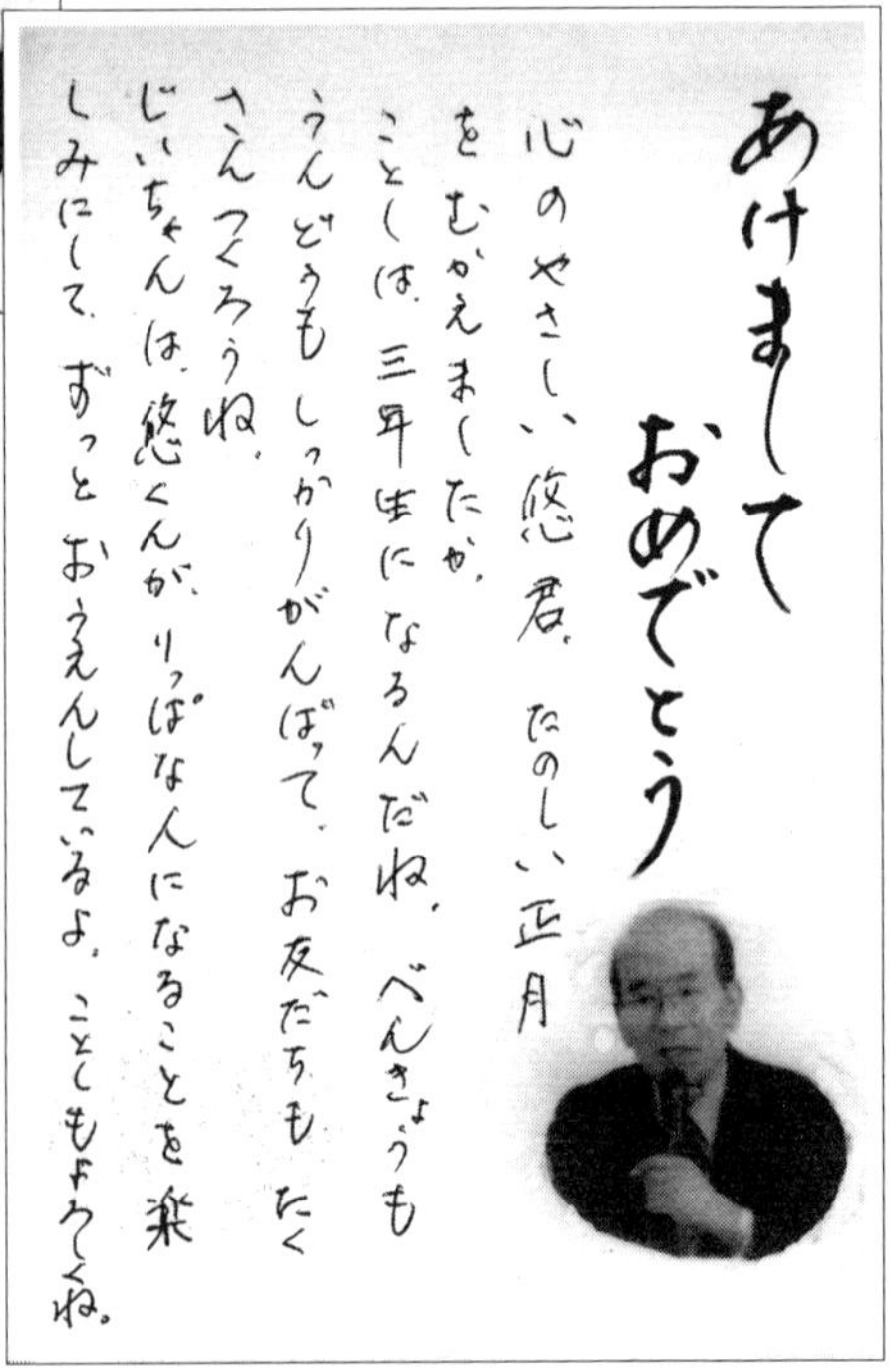

あけまして
おめでとう
心のやさしい悠君。たのしい正月
をむかえましたか。
ことしは、三年生になるんだね。べんきょうも
うんどうもしっかりがんばって、お友だちも たく
さんつくろうね。
じいちゃんは、悠くんが、りっぱな人になることを楽
しみにして、ずっとおうえんしているよ。ことしもよろしくね。

藤原悠登くんへ（当時２年生）

三、藤原凡人「人生訓」
――「書」を通して――

夫は教職人生を定年で終えた後、地元府中公民館の心書倶楽部（代表椎木剛先生）教室に通いながら「書」を趣味として楽しんでおりました。

夫が亡くなって改めて書を整理しましたところ多くの作品を遺しておりましたので、その中から四十点余りを選び掲載させていただきました。

昨年出版しました夫の著書『しんじゅがい』を読んでくださった方には、ご理解いただけると思いますが、夫の書き遺した言葉はすべて自身の人生観、教育観にもとづいたものであり自らの生き方を重ねていたように思います。

藤原　秀子

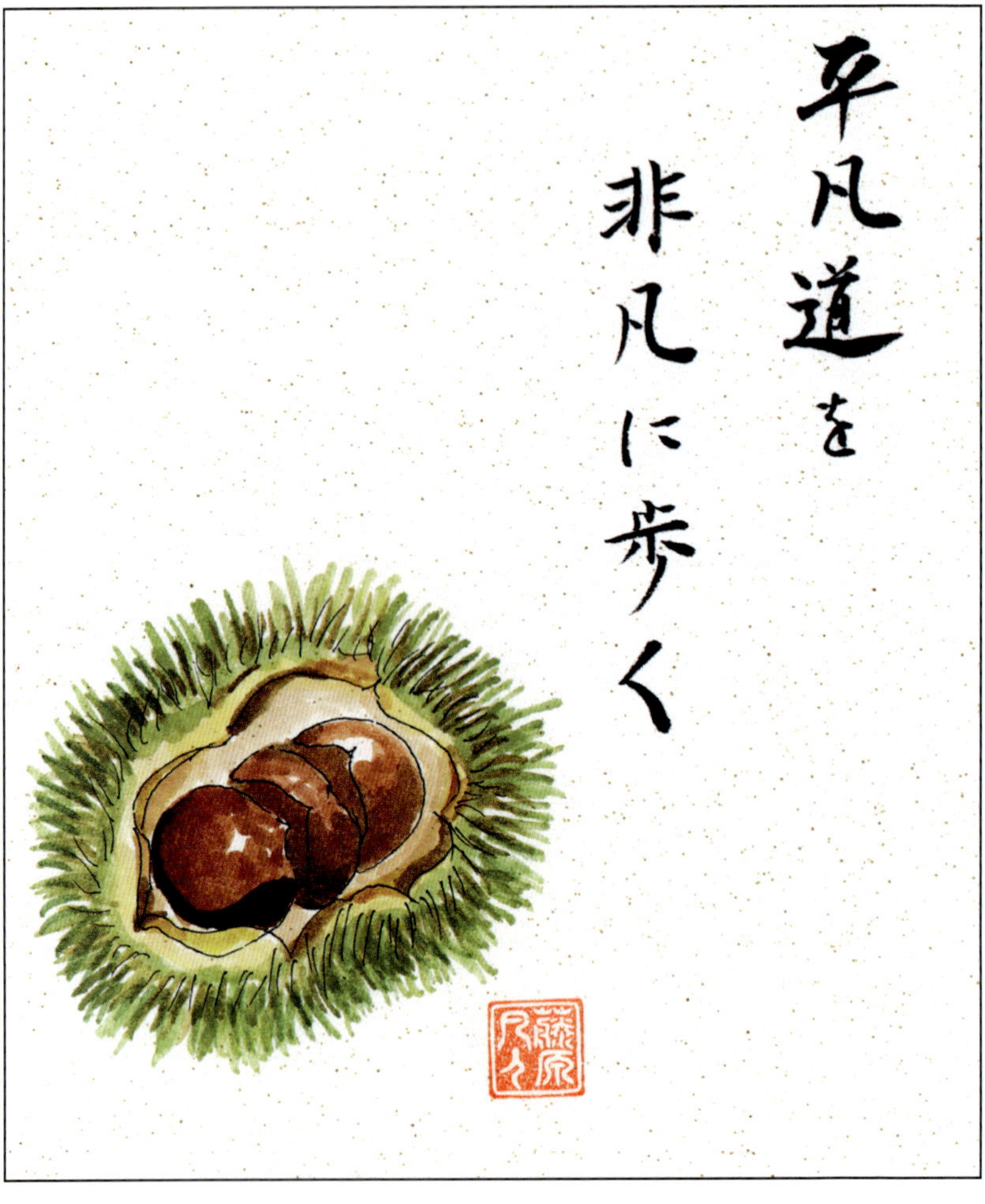
平凡道を
非凡に歩く

自ら伸びる

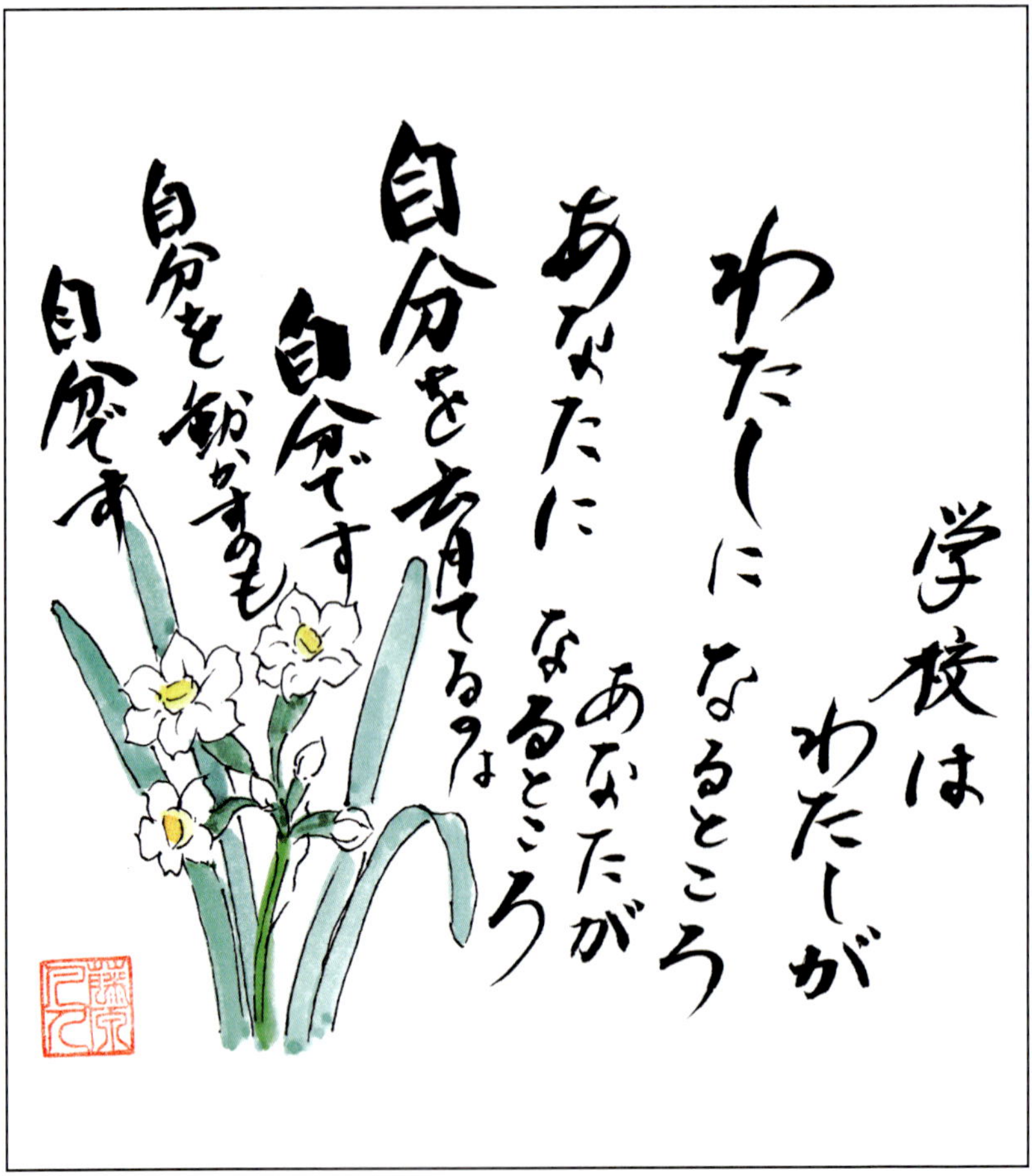
学校は
わたしが
わたしに なるところ
あなたが
あなたに なるところ
自分を育てるのも
自分です
自分を動かすのも
自分です

お別れに
知る
先生方の
あたたかさ
ありがとうございました

牛も千里 馬も千里

遅いが速いか じょうずか

下手かの違いはあっても

同じ目的地に到着できる

ということ の たゆまずに

努力を続ければ成果があがる

ことをいう

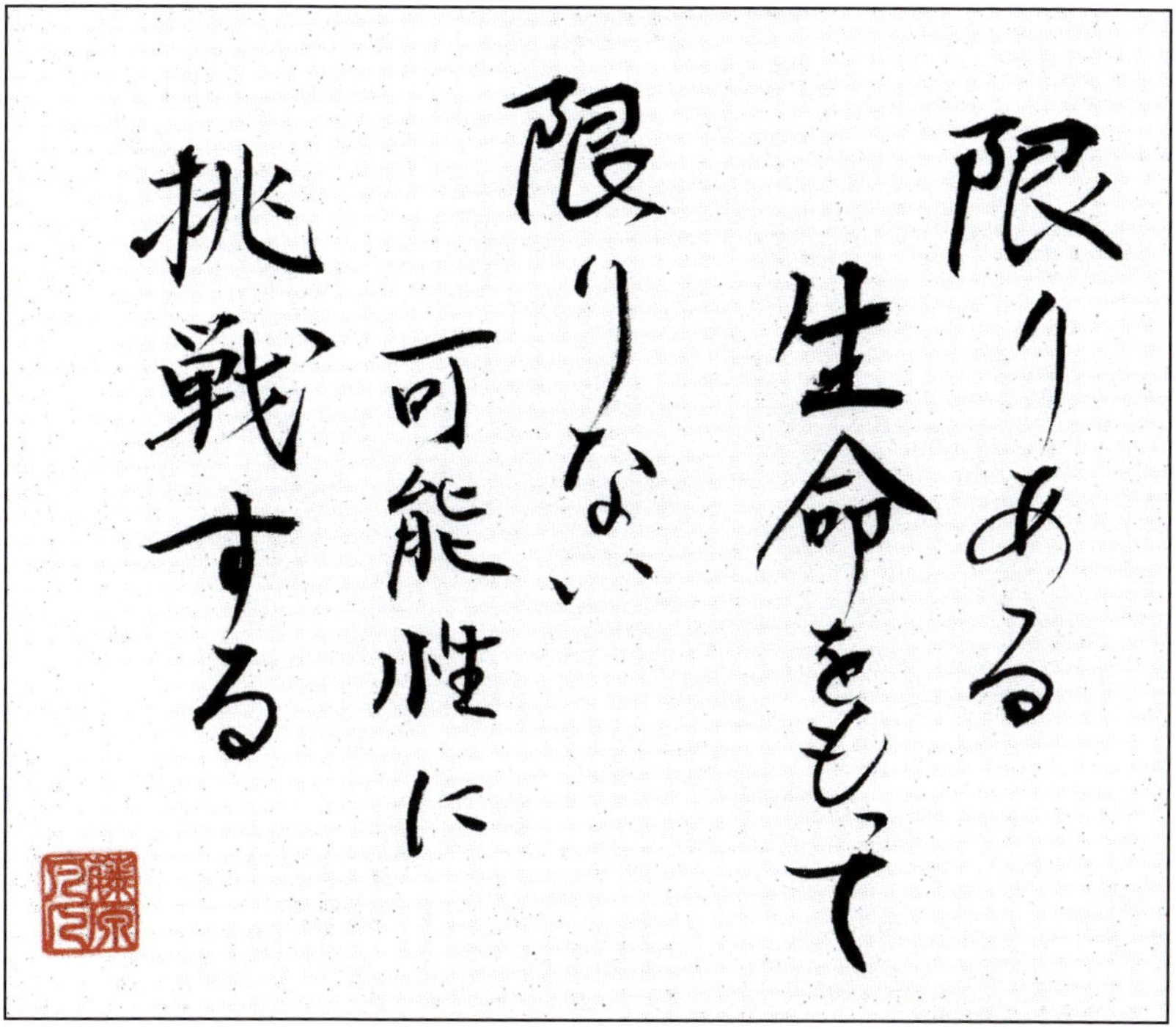
限りある
生命をもって
限りない、
可能性に
挑戦する

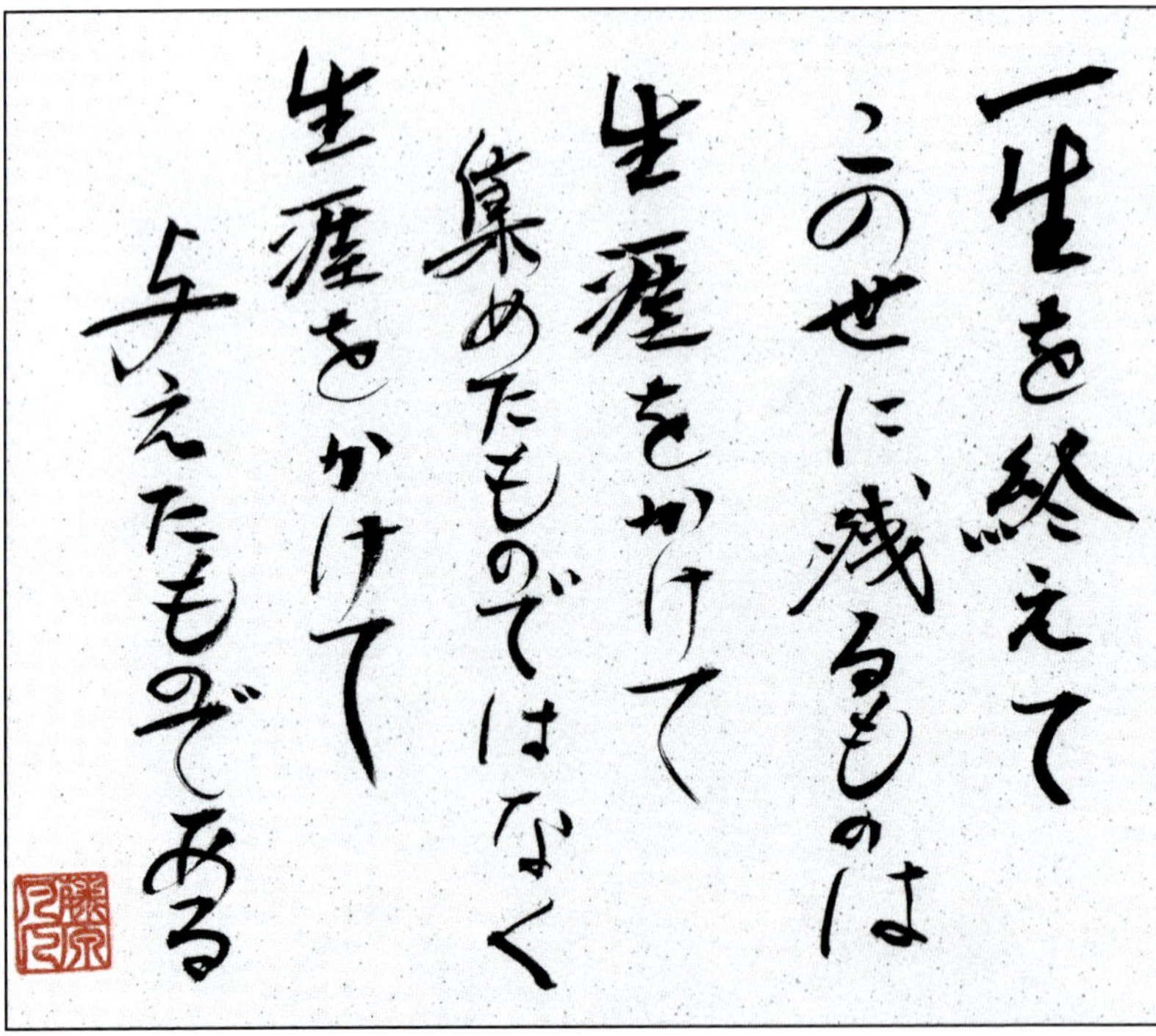
一生を終えて
この世に残るものは
生涯をかけて
集めたものではなく
生涯をかけて
与えたものである

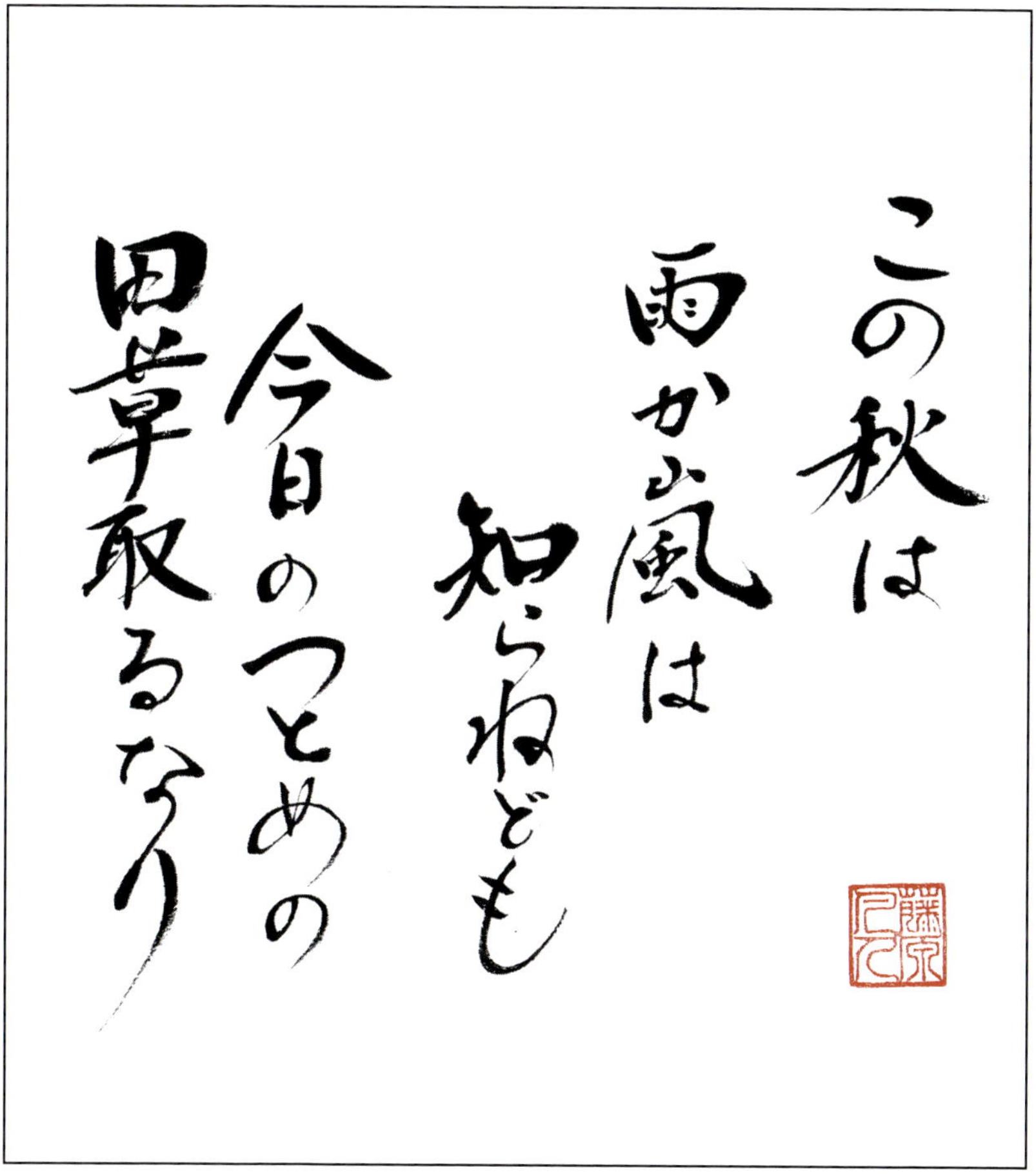
この秋は
雨か嵐は
知らねども
今日のつとめの
田草取るなり

泣いて生まれた
私だけれど
死ぬときは
よい人生だったと
笑えていたい
そんな人生ドラマを
つくりたい。

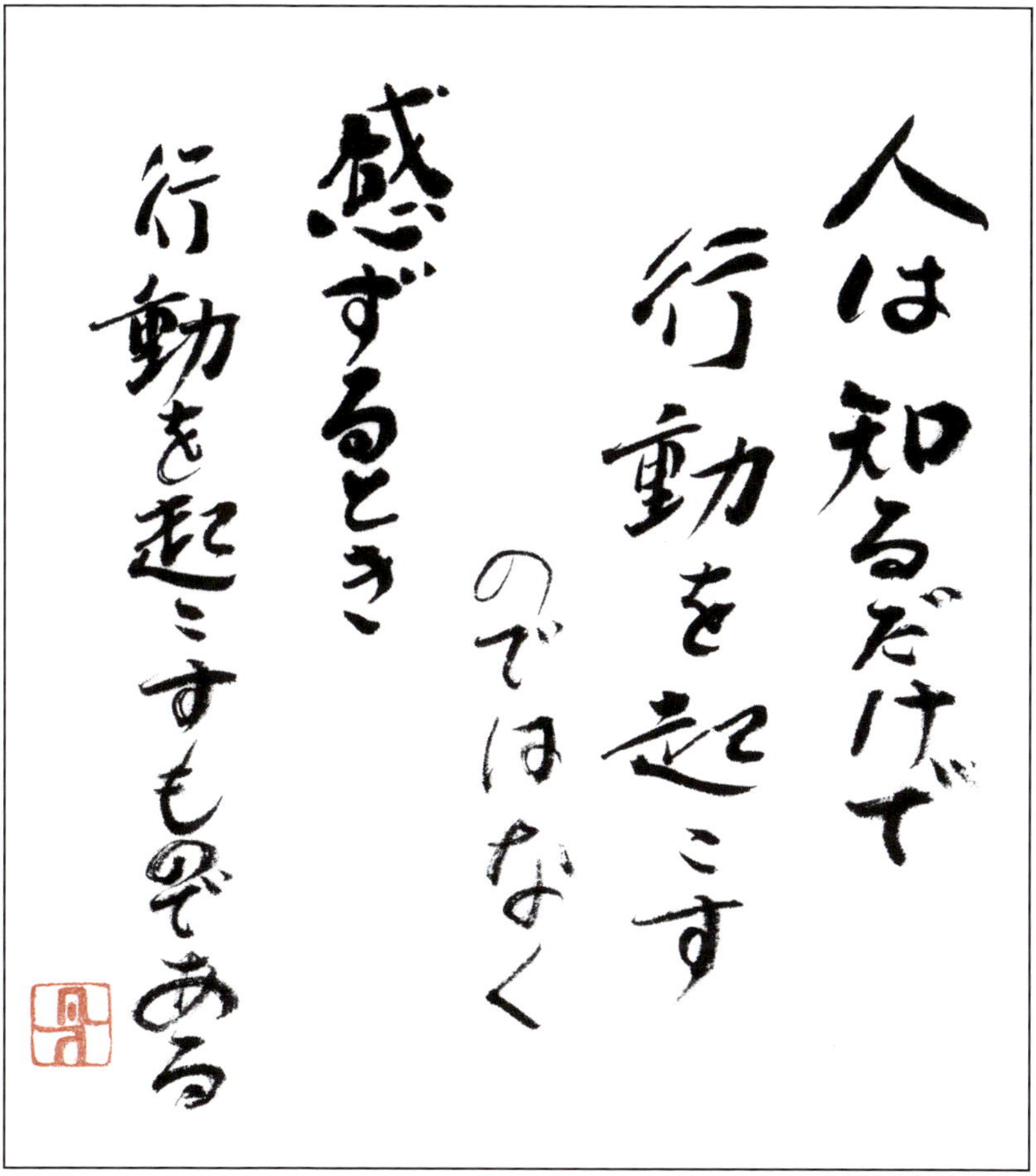
人は知るだけで
行動を起こす
のではなく
感ずるとき
行動を起こすものである

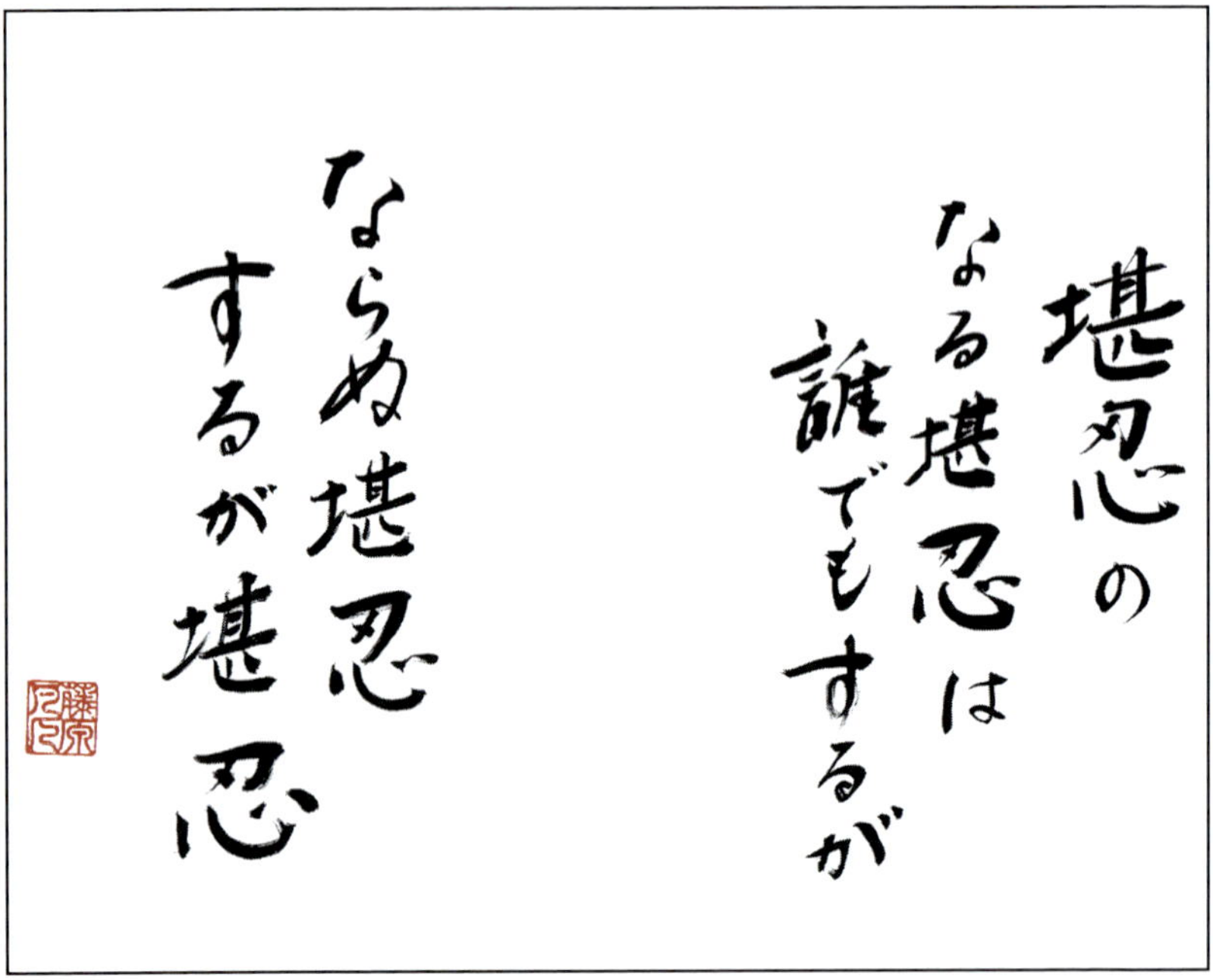
堪忍の
なる堪忍は
誰でもするが
ならぬ堪忍
するが堪忍

三、藤原凡人「人生訓」

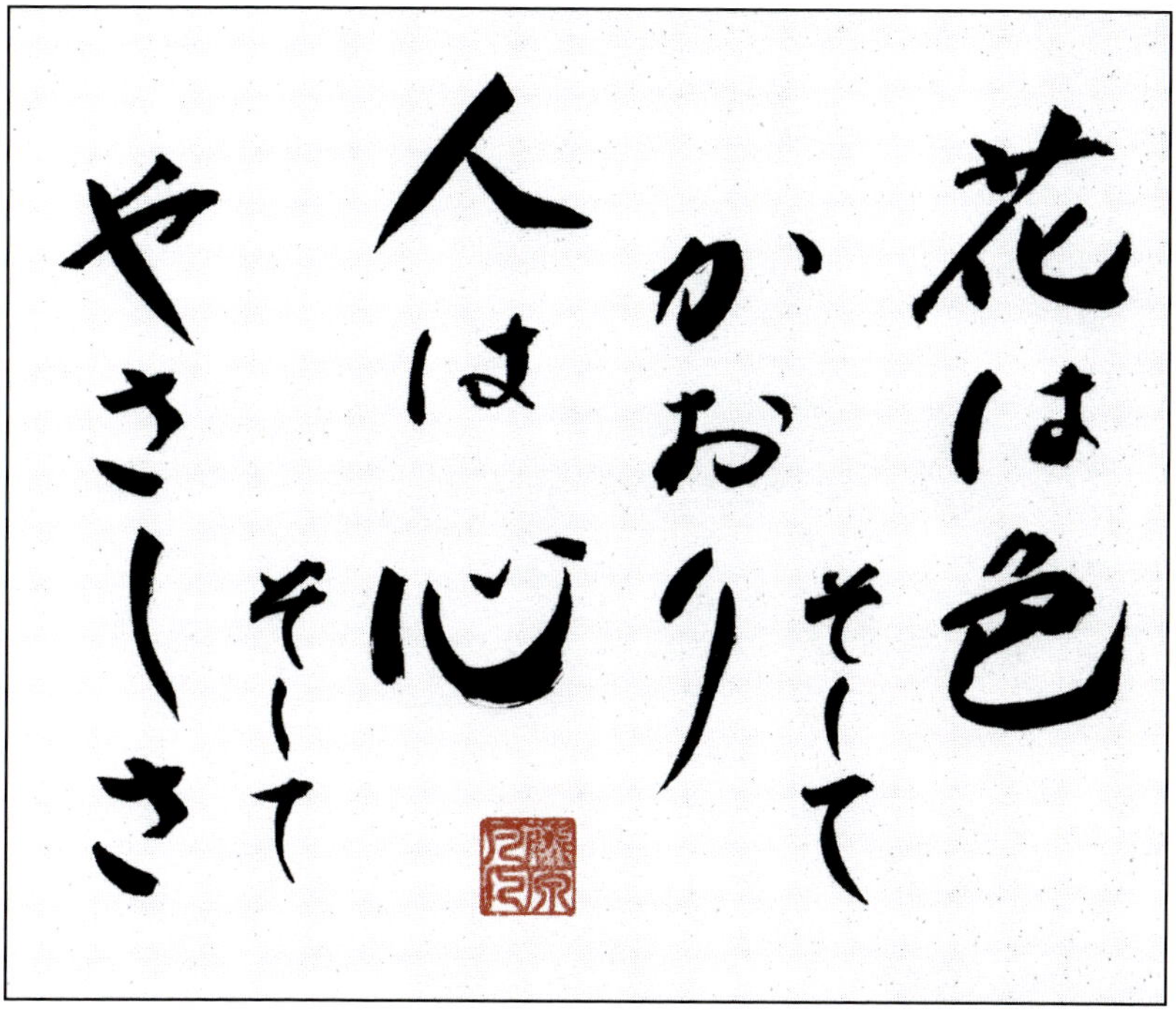

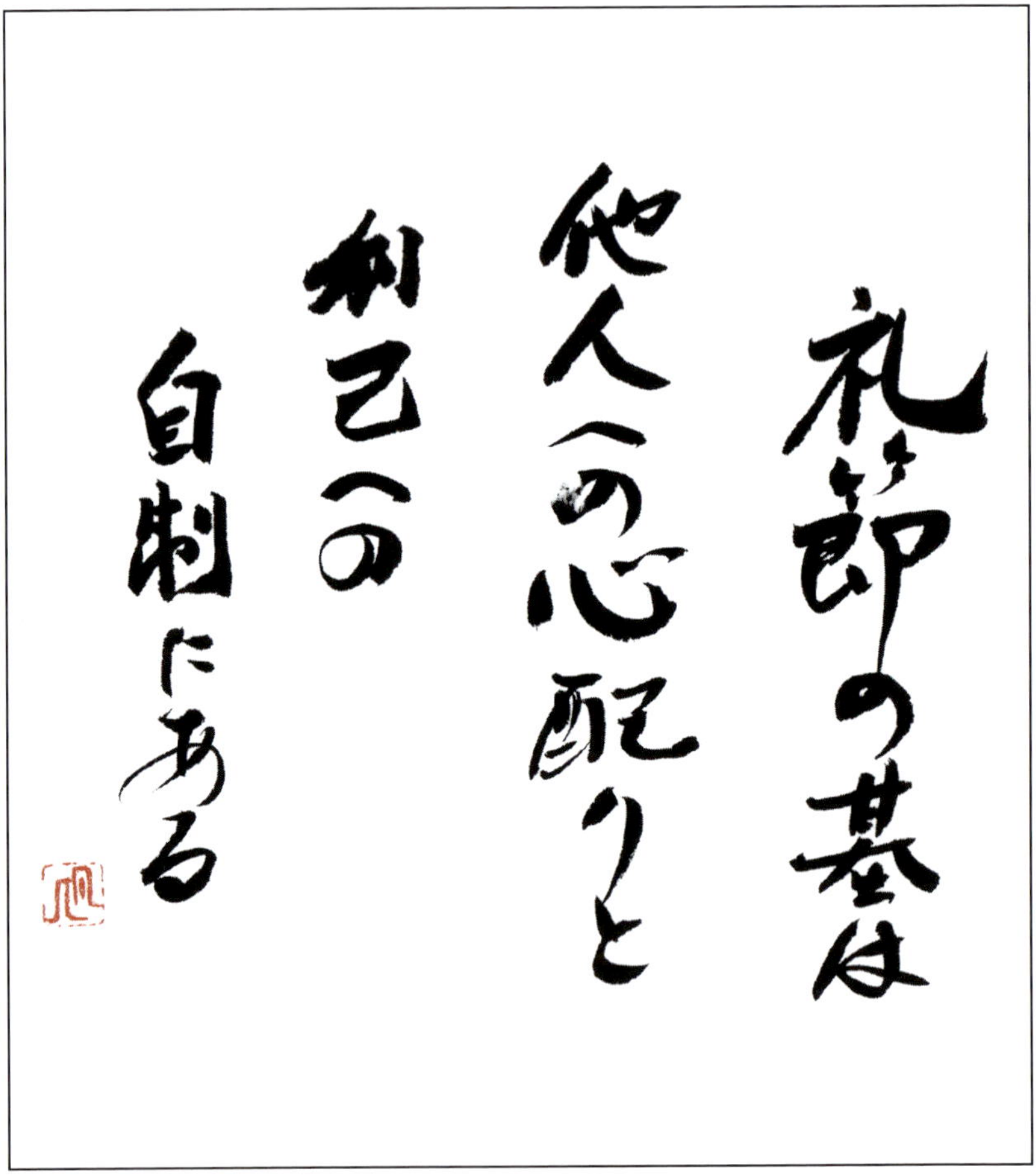
礼節の基は
他人への心配りと
利己への
自制にある

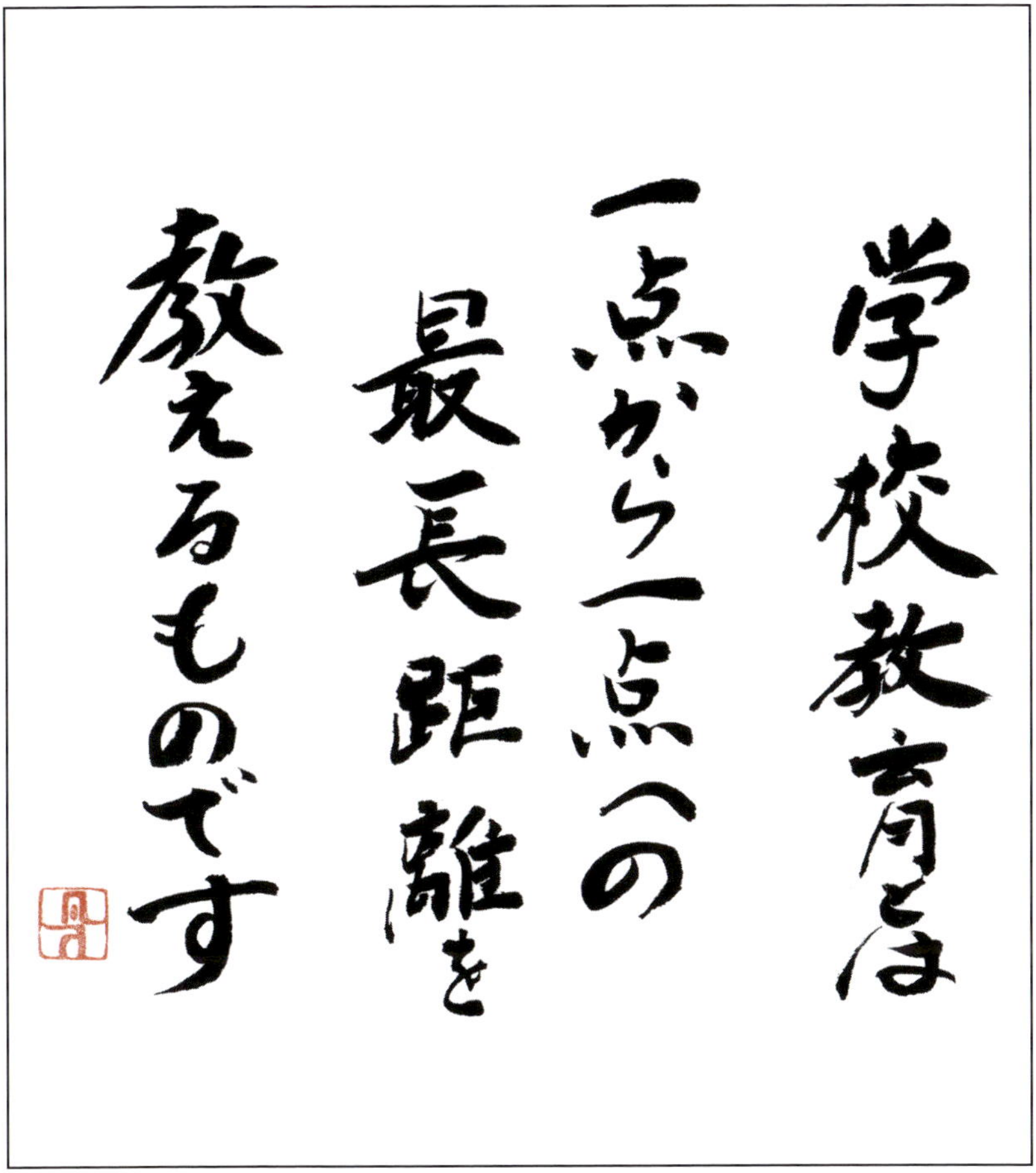
学校教育とは
一点から一点への
最長距離を
教えるものです

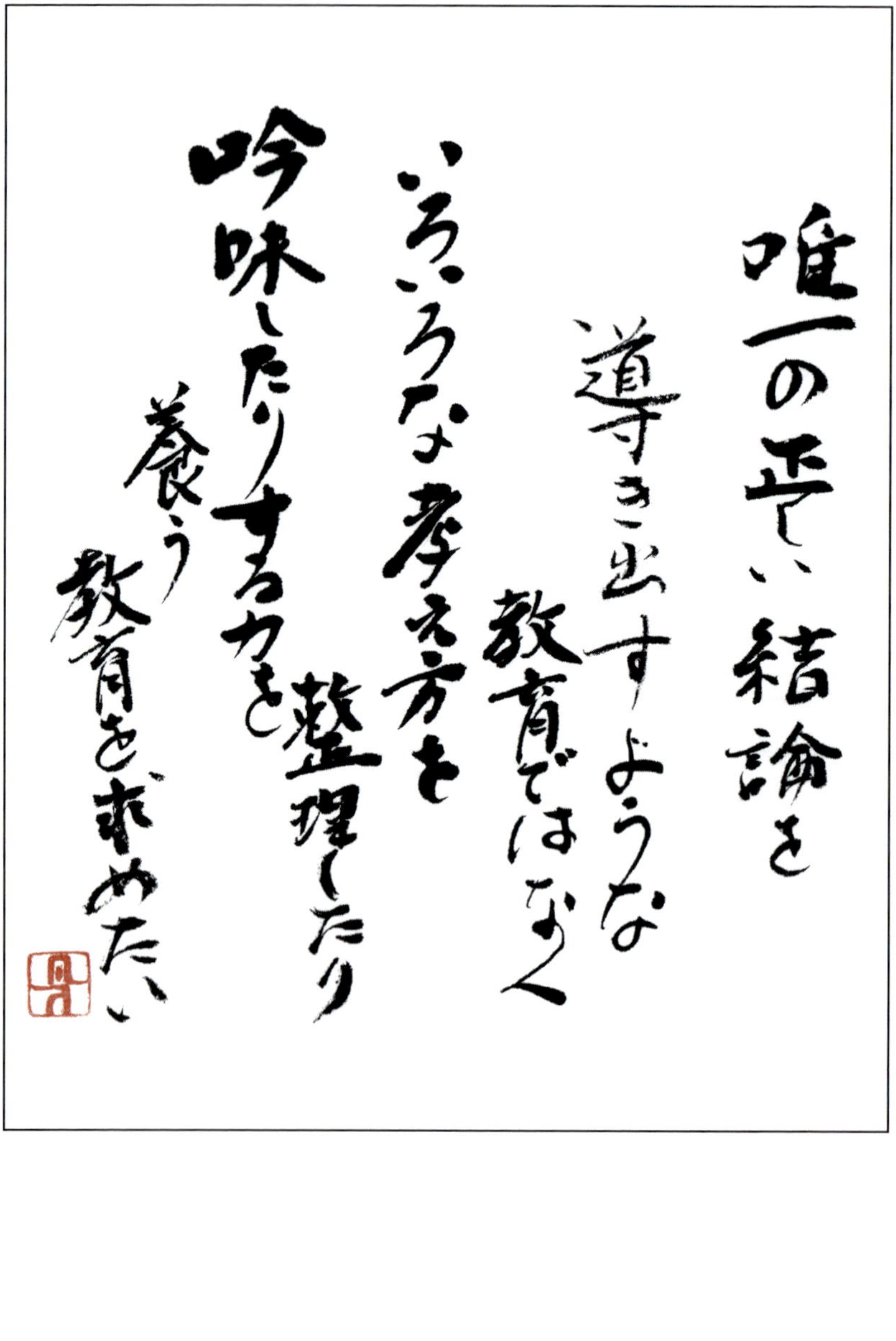
唯一の正しい結論を
導き出すような
教育ではなく
いろいろな考え方を
整理したり
吟味したりする力を
養う
教育を求めたい

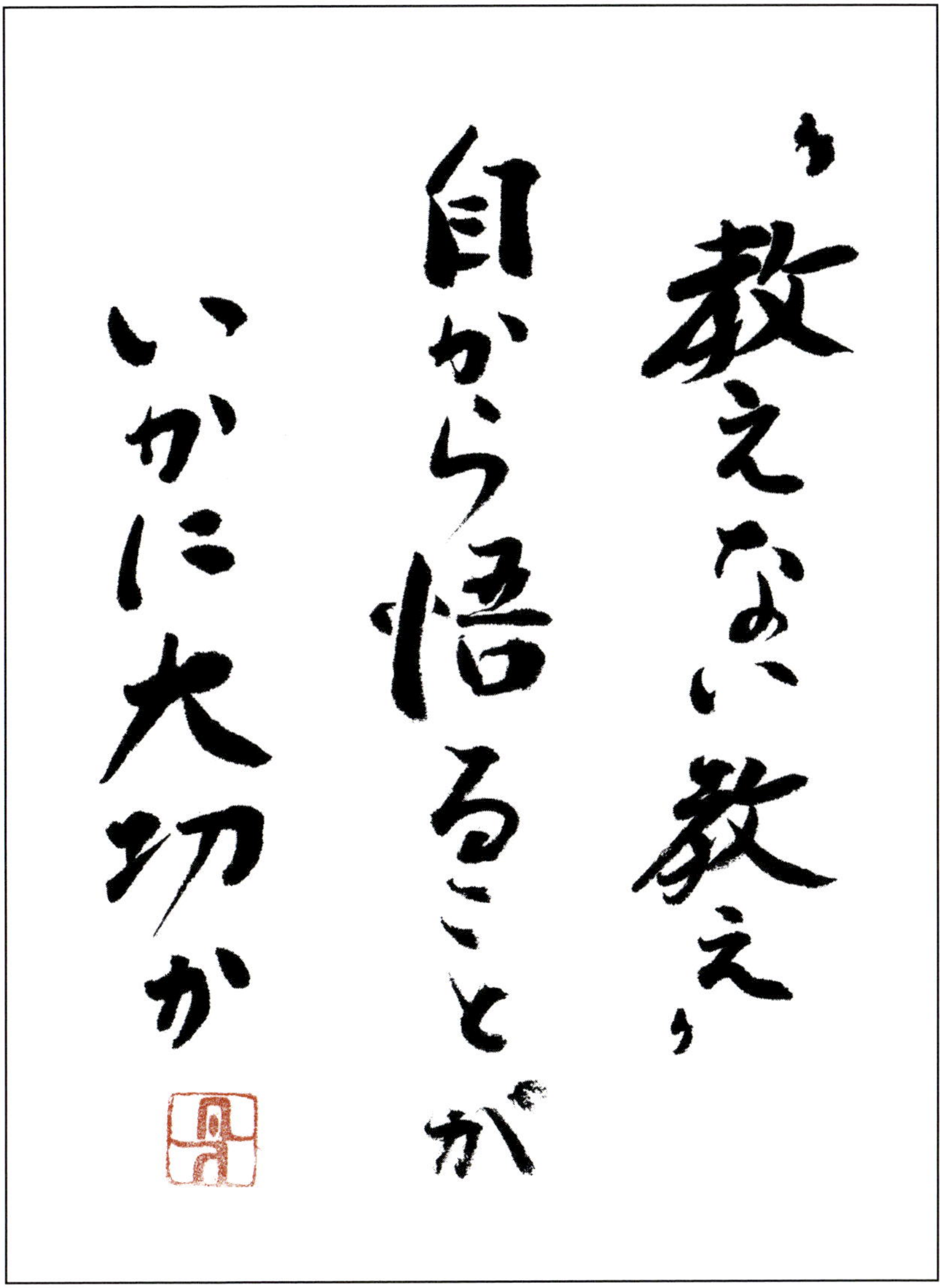
「教えない教え」
自から悟ることが
いかに大切か

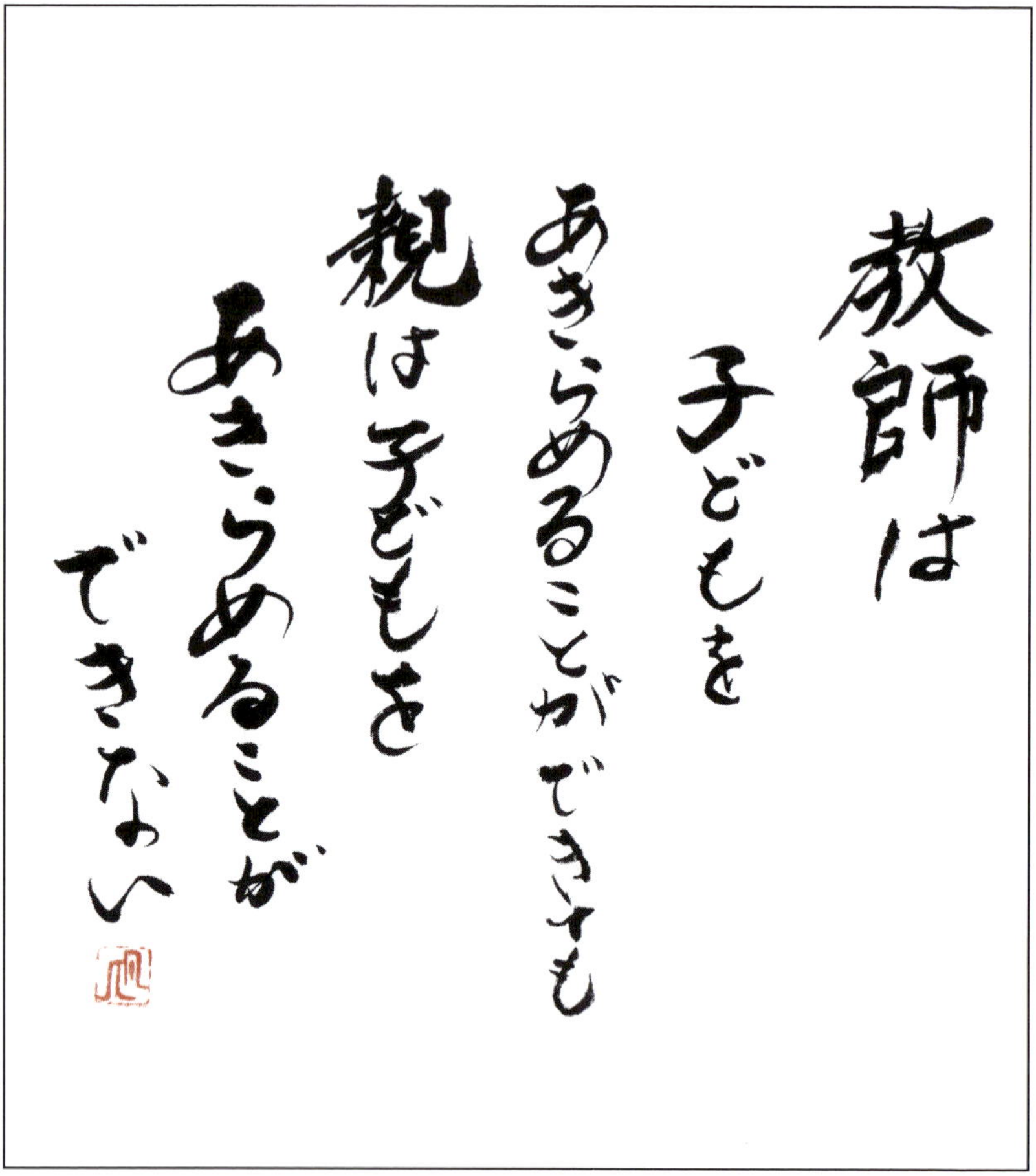
教師は
子どもを
あきらめることができても
親は子どもを
あきらめることが
できない

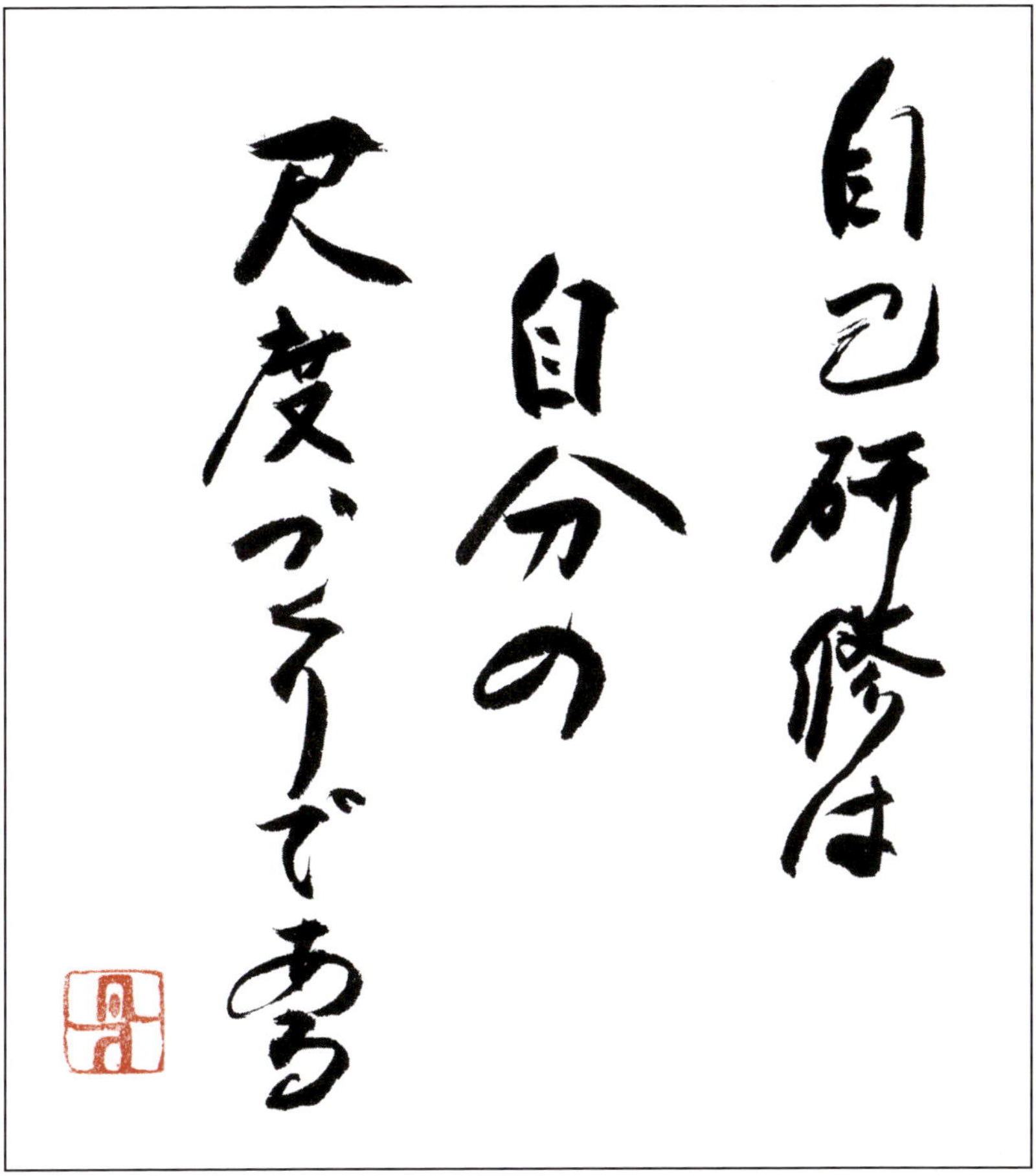
自己研修は
自分の
尺度づくりである

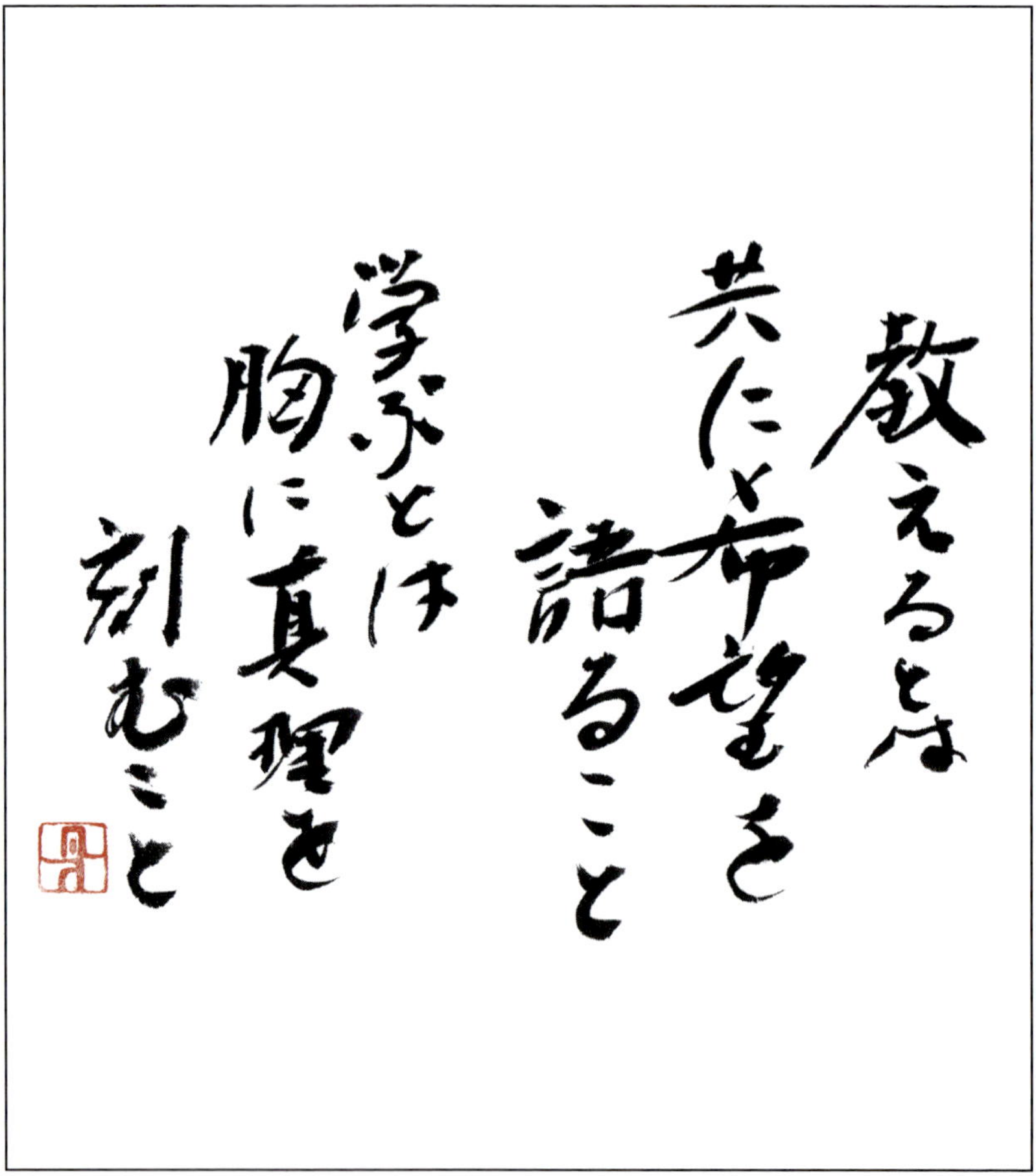
教えるとは
共に希望を
語ること
学ぶとは
胸に真理を
刻むこと

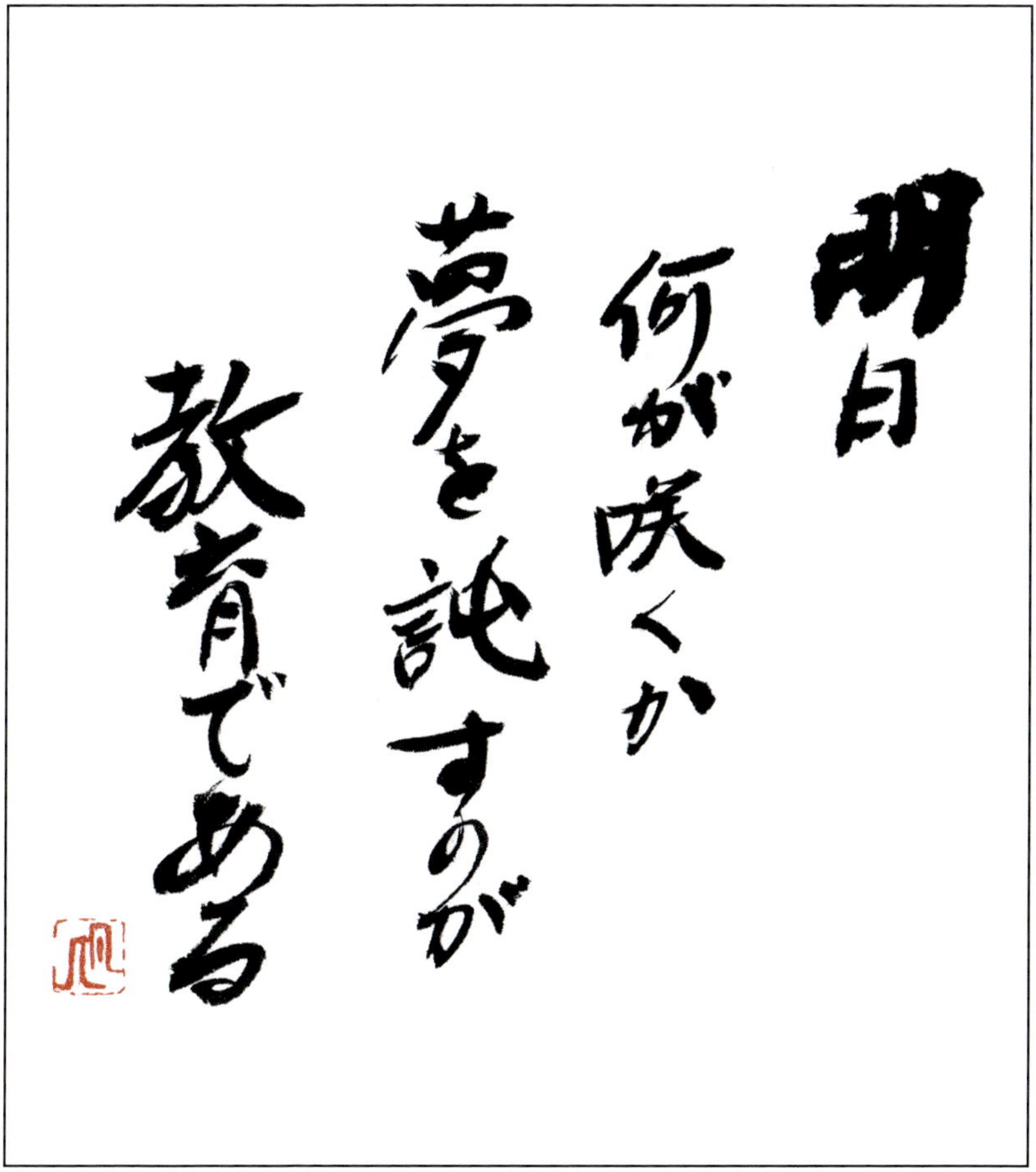
明日
何が咲くか
夢を託すのが
教育である

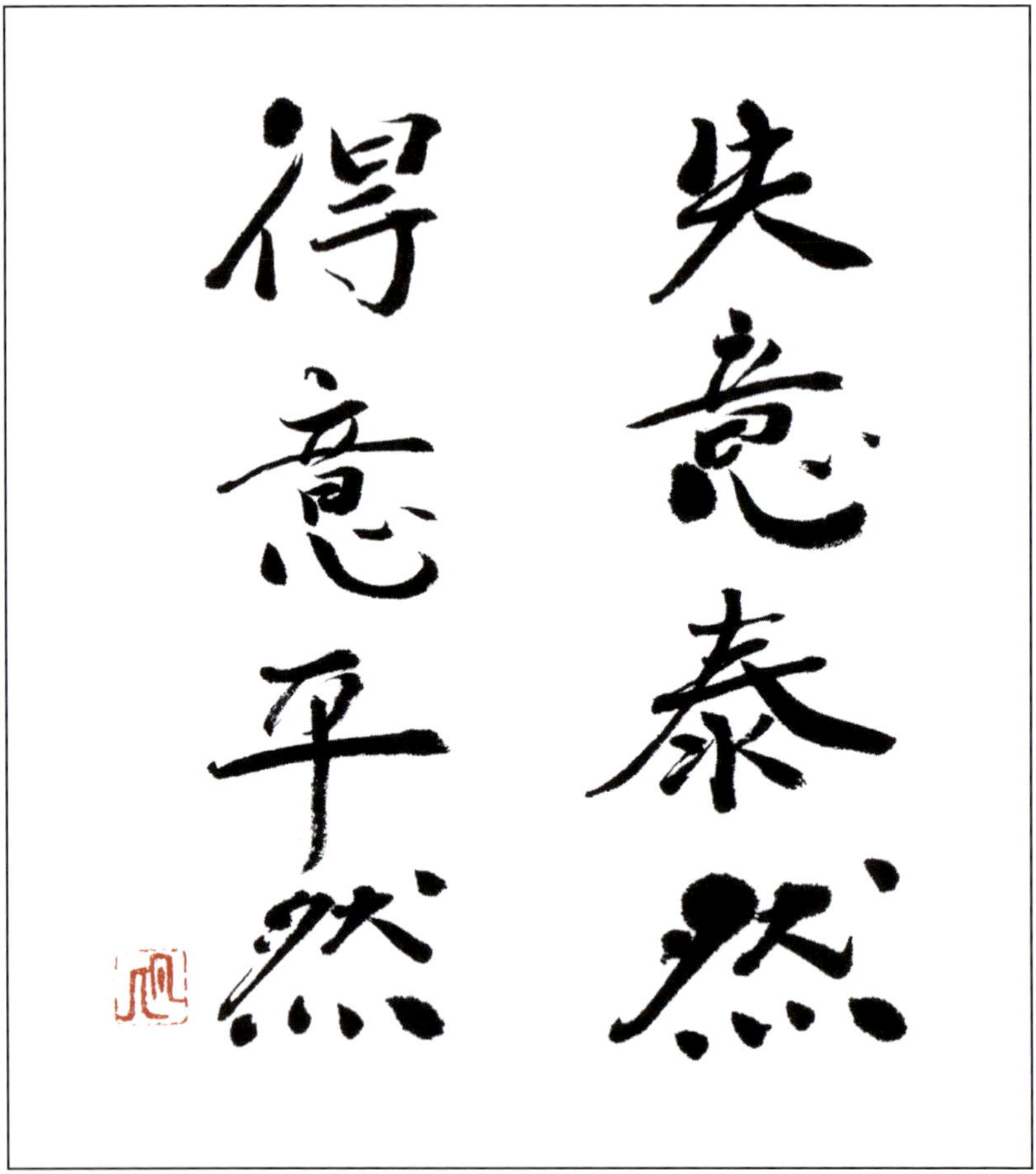
失意泰然
得意平然

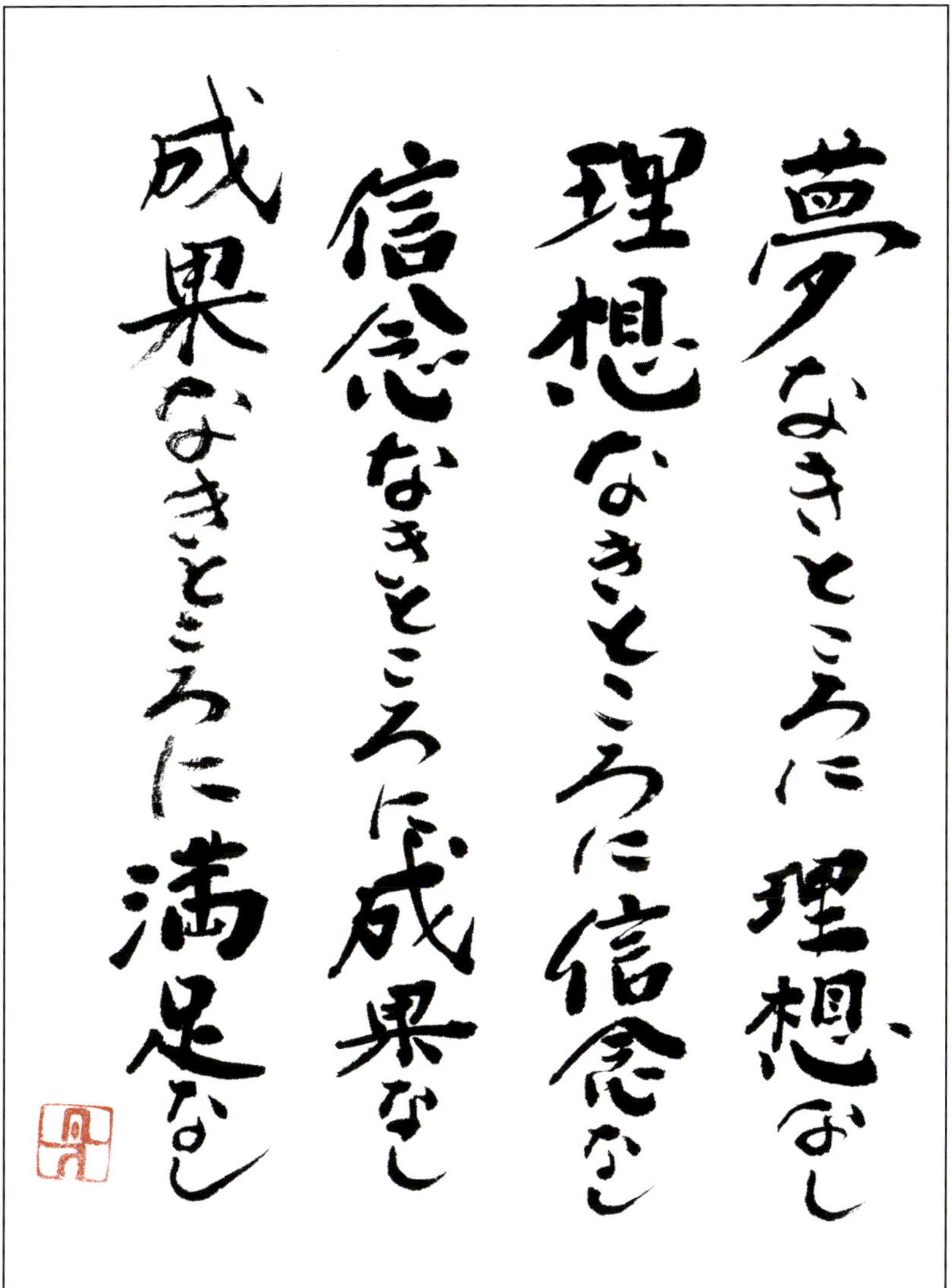
夢なきところに 理想なし
理想なきところに信念なし
信念なきところに成果なし
成果なきところに満足なし

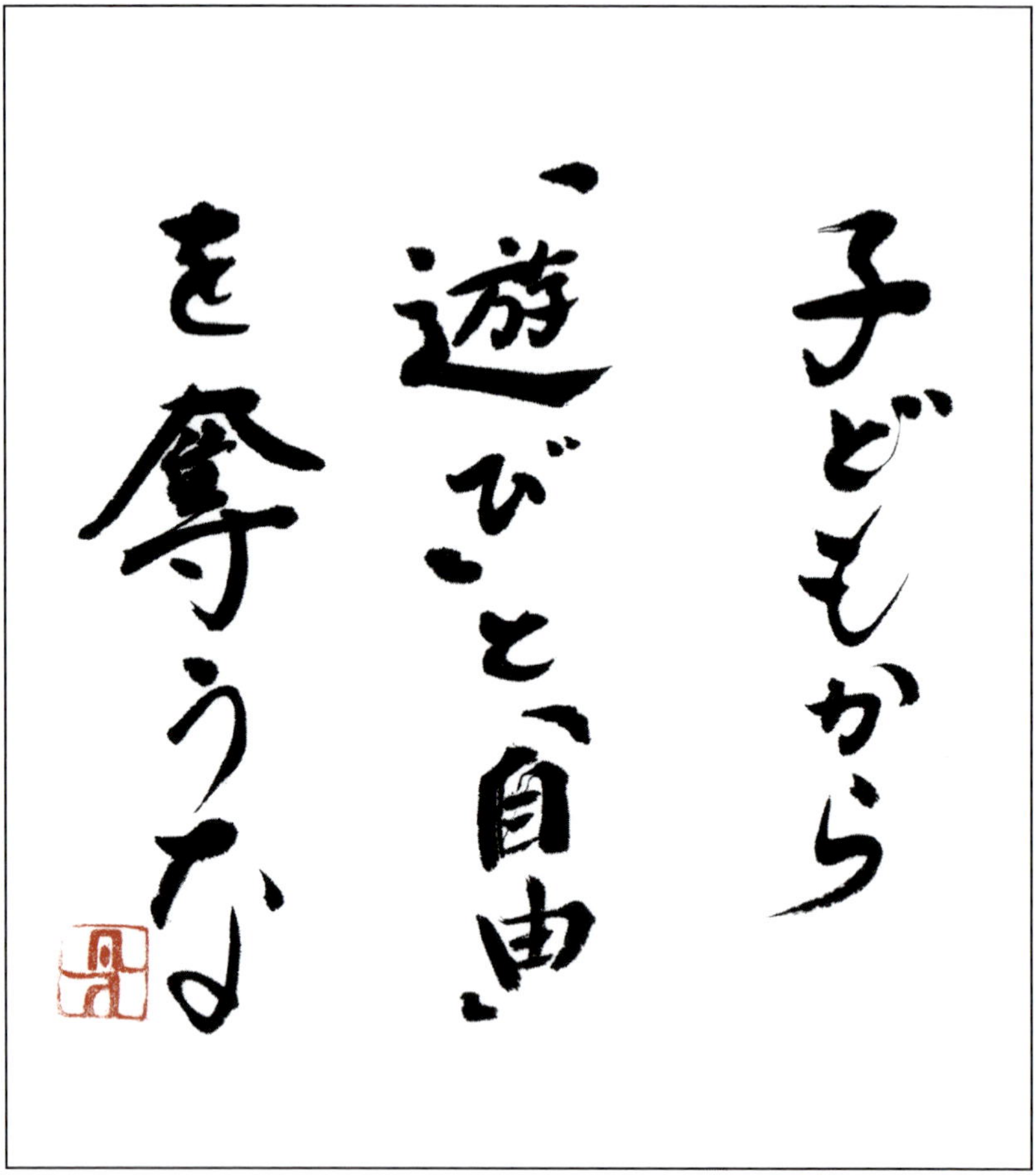
子どもから
「遊び」と「自由」
を奪うな

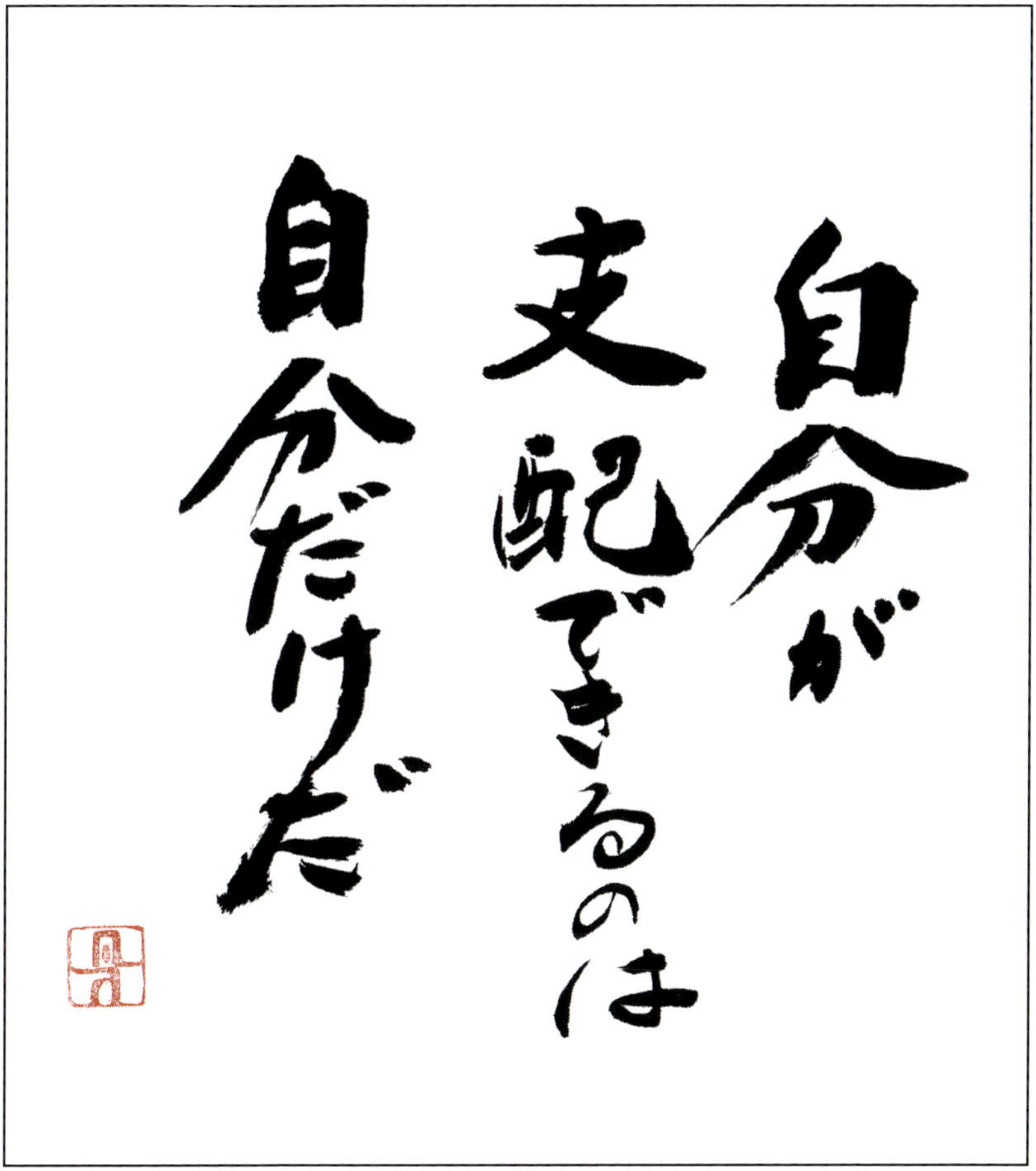
自分が
支配できるのは
自分だけだ

何をしたいかは
興味であり
何ができるかは
能力である

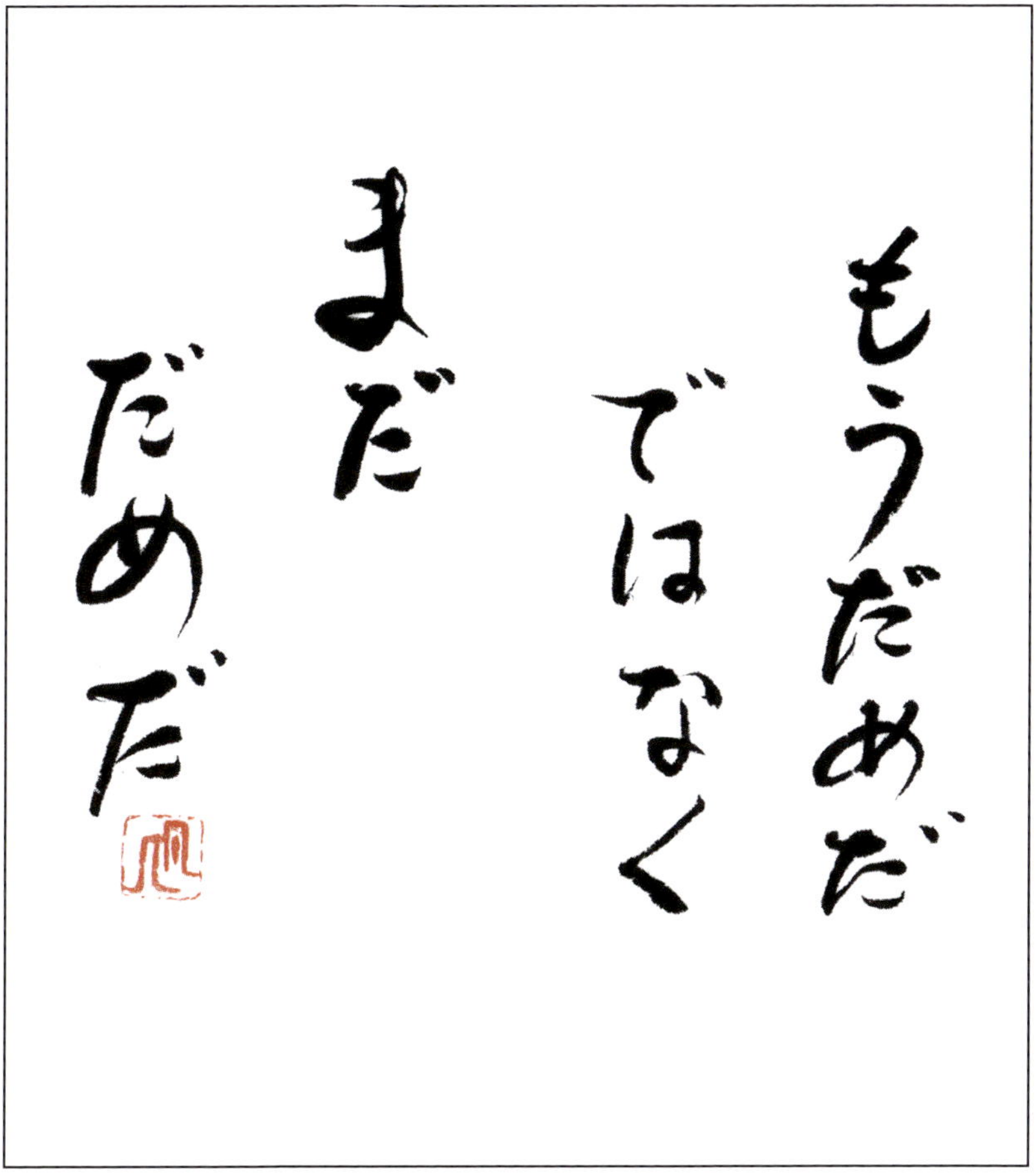
もうだめだ
ではなく
まだ
だめだ

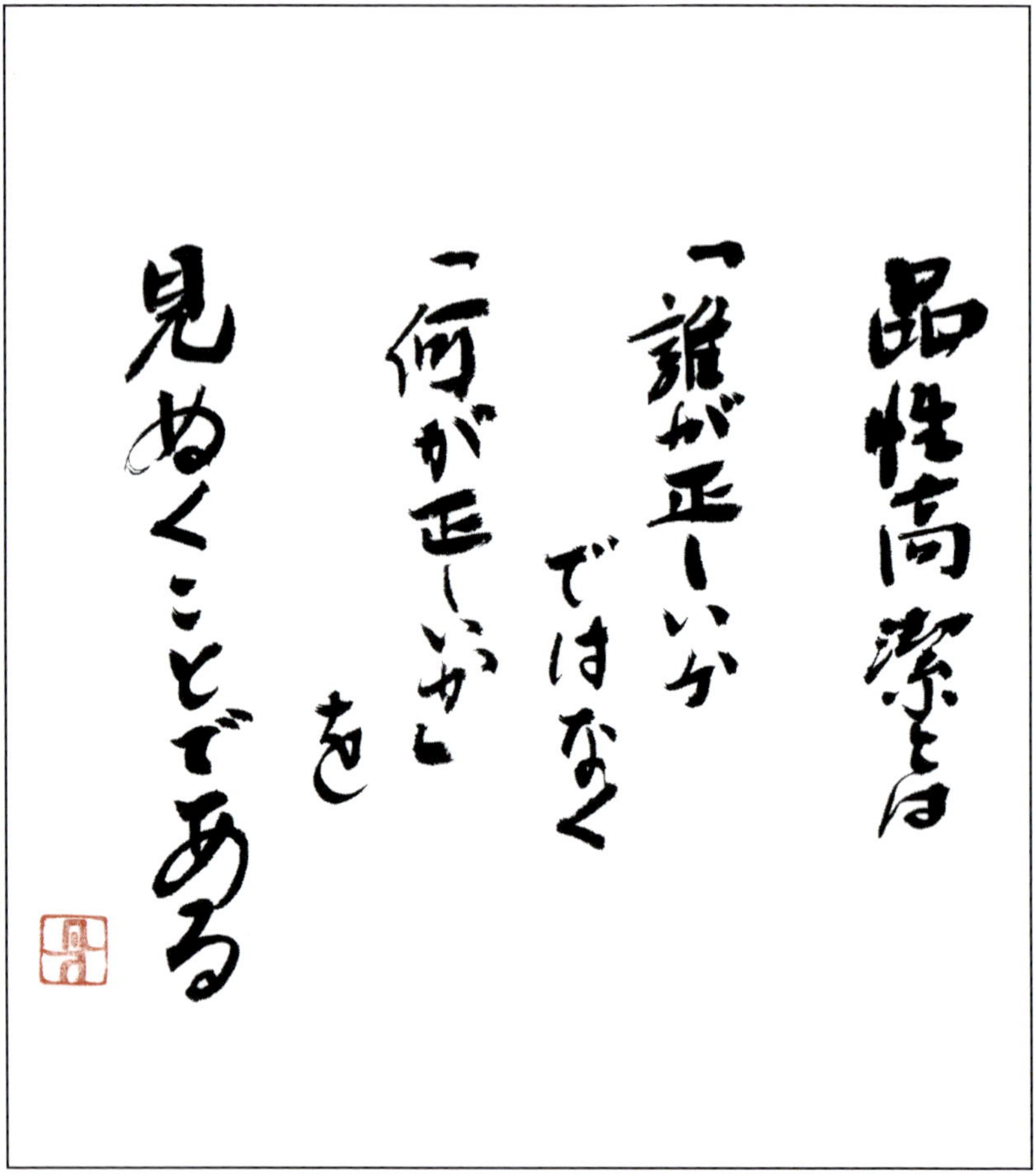
品性高潔とは
「誰が正しいか
ではなく
「何が正しいか」
を
見ぬくことである

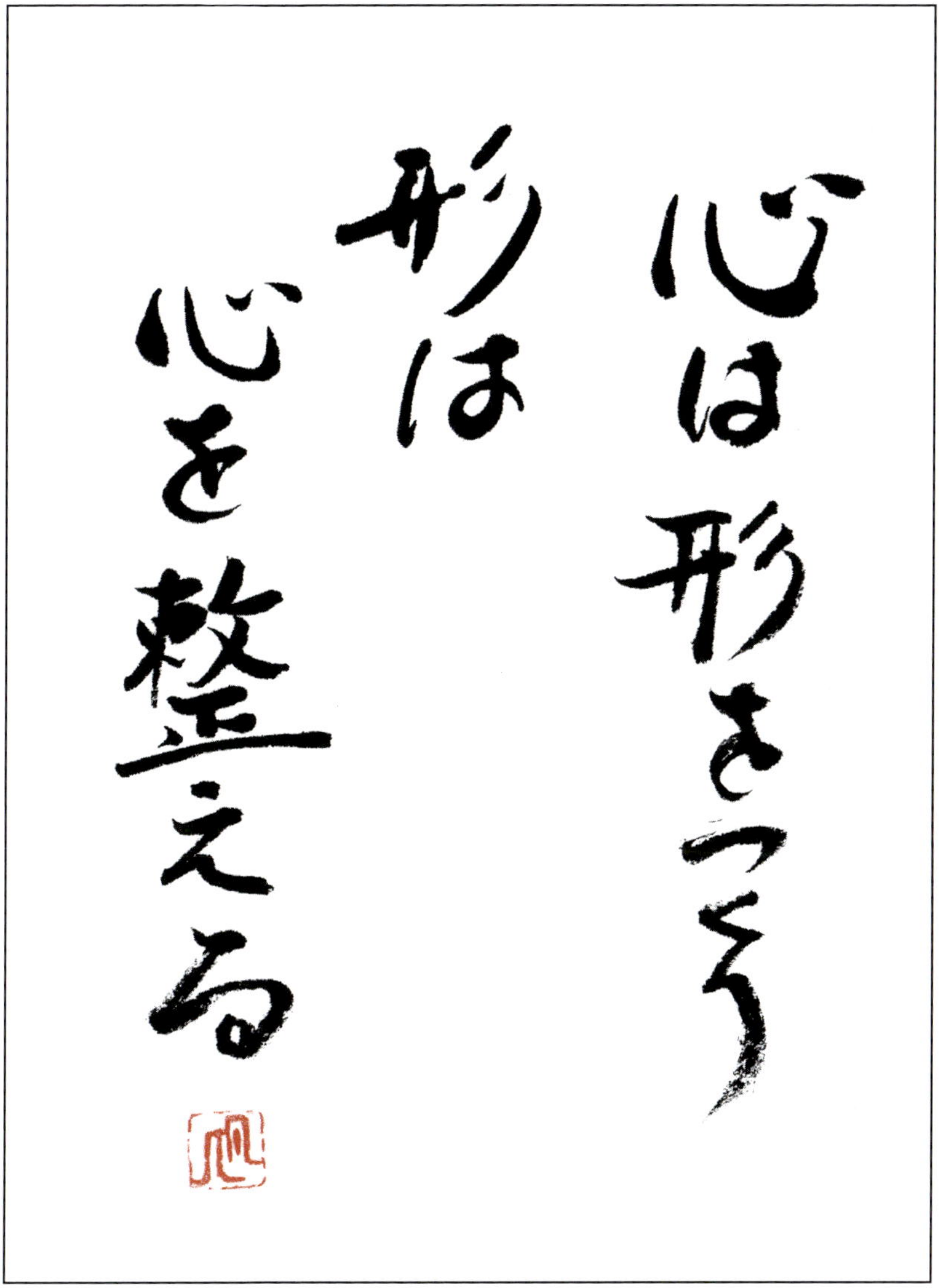
心は形をつくり
形は
心を整える

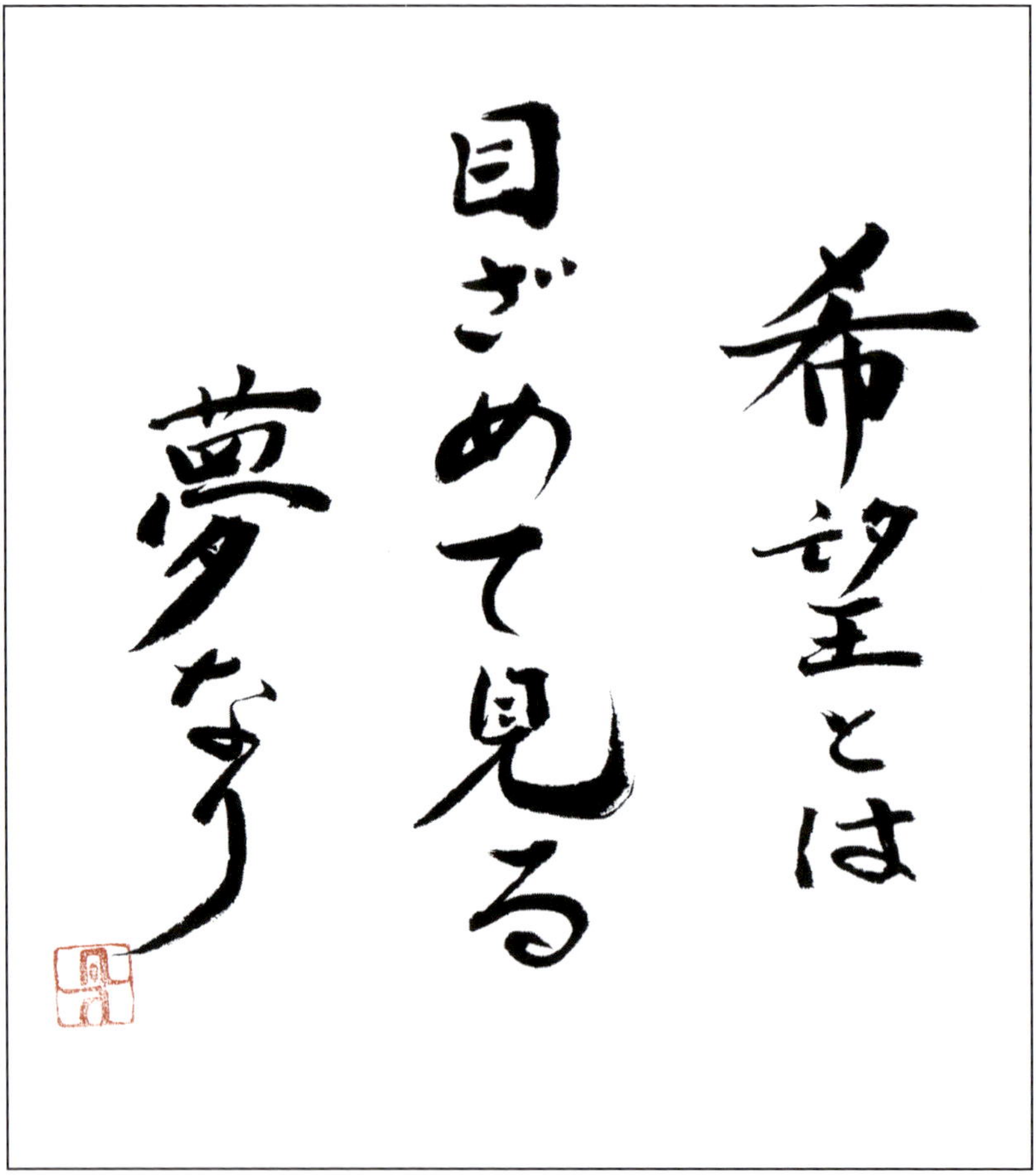
希望とは
目ざめて見る
夢なり

三、藤原凡人「人生訓」

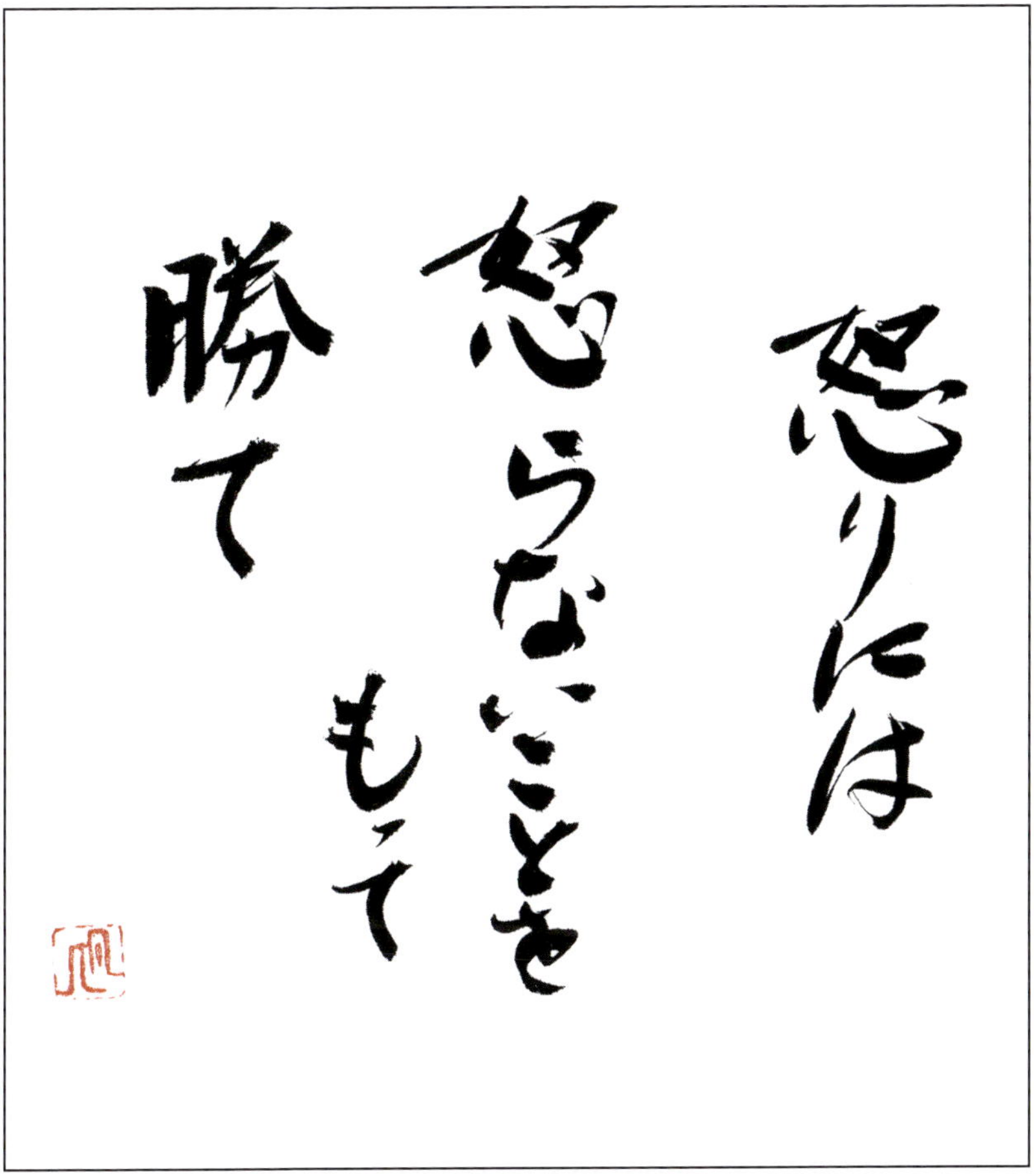

崇高から
道化への道は
一歩にすぎない

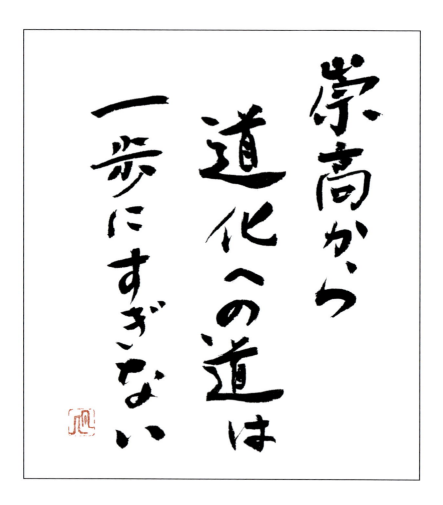

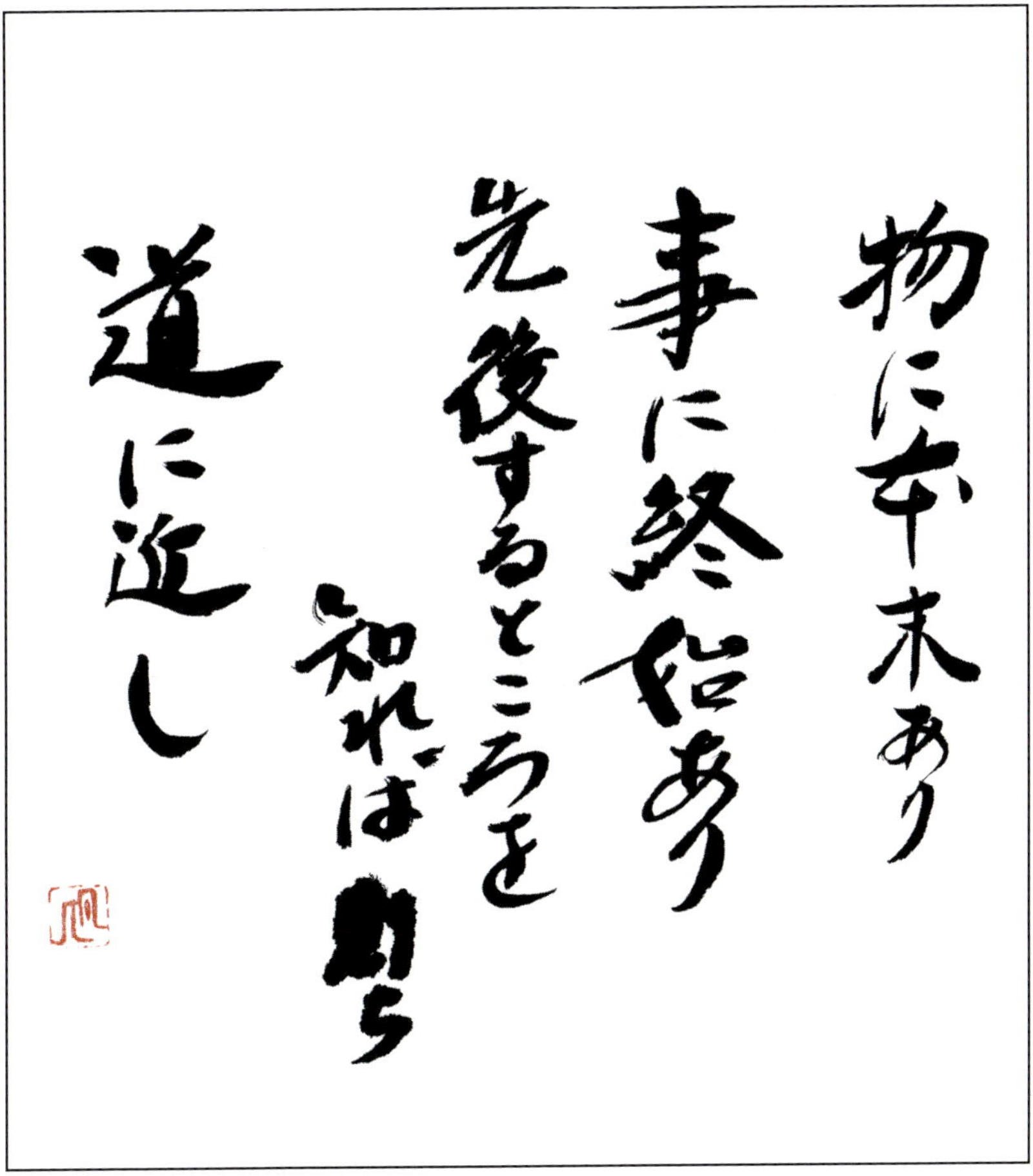
物に本末あり
事に終始あり
先後するところを
知れば則ち
道に近し

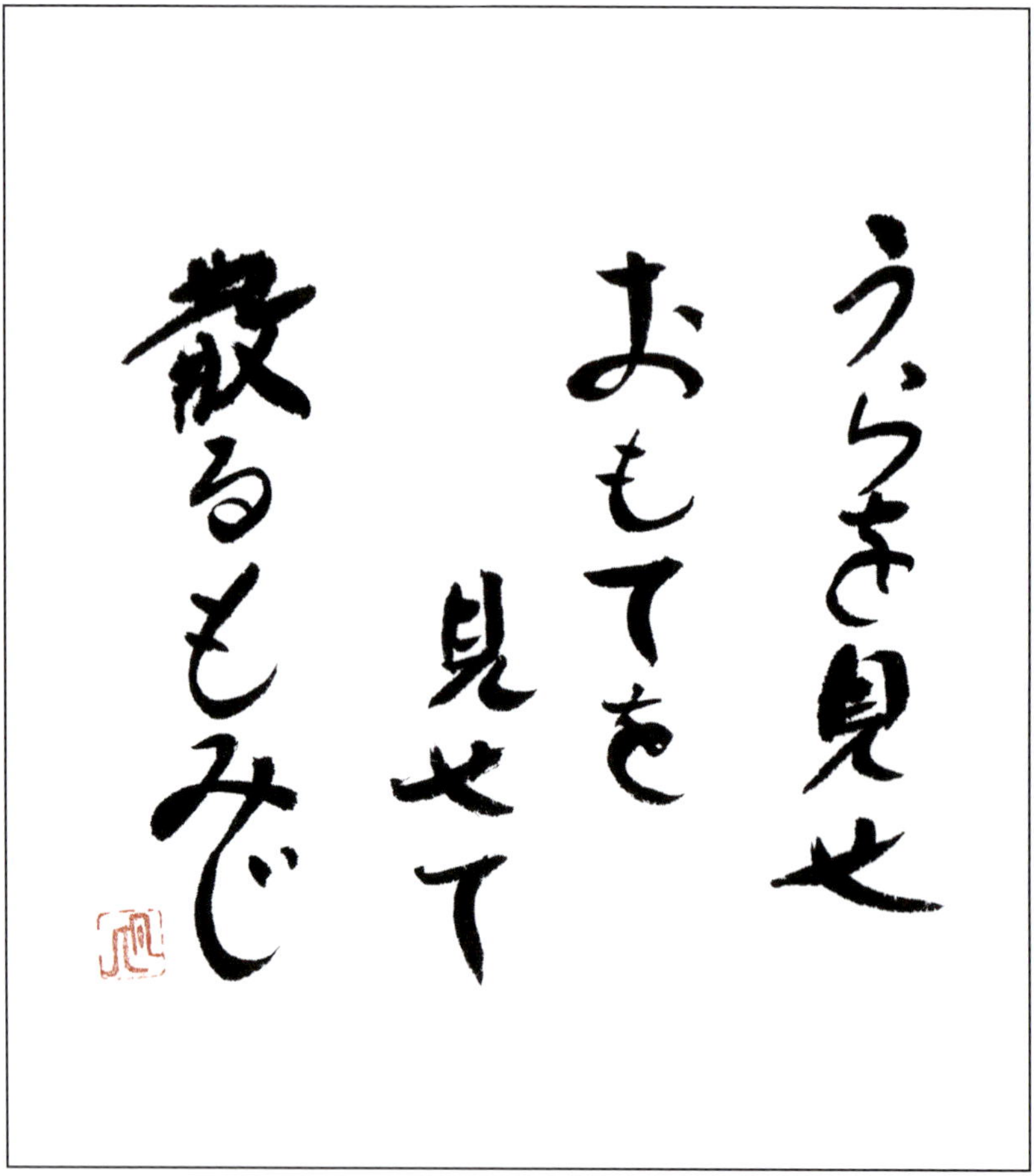
うらを見せ
おもてを
見せて
散るもみじ

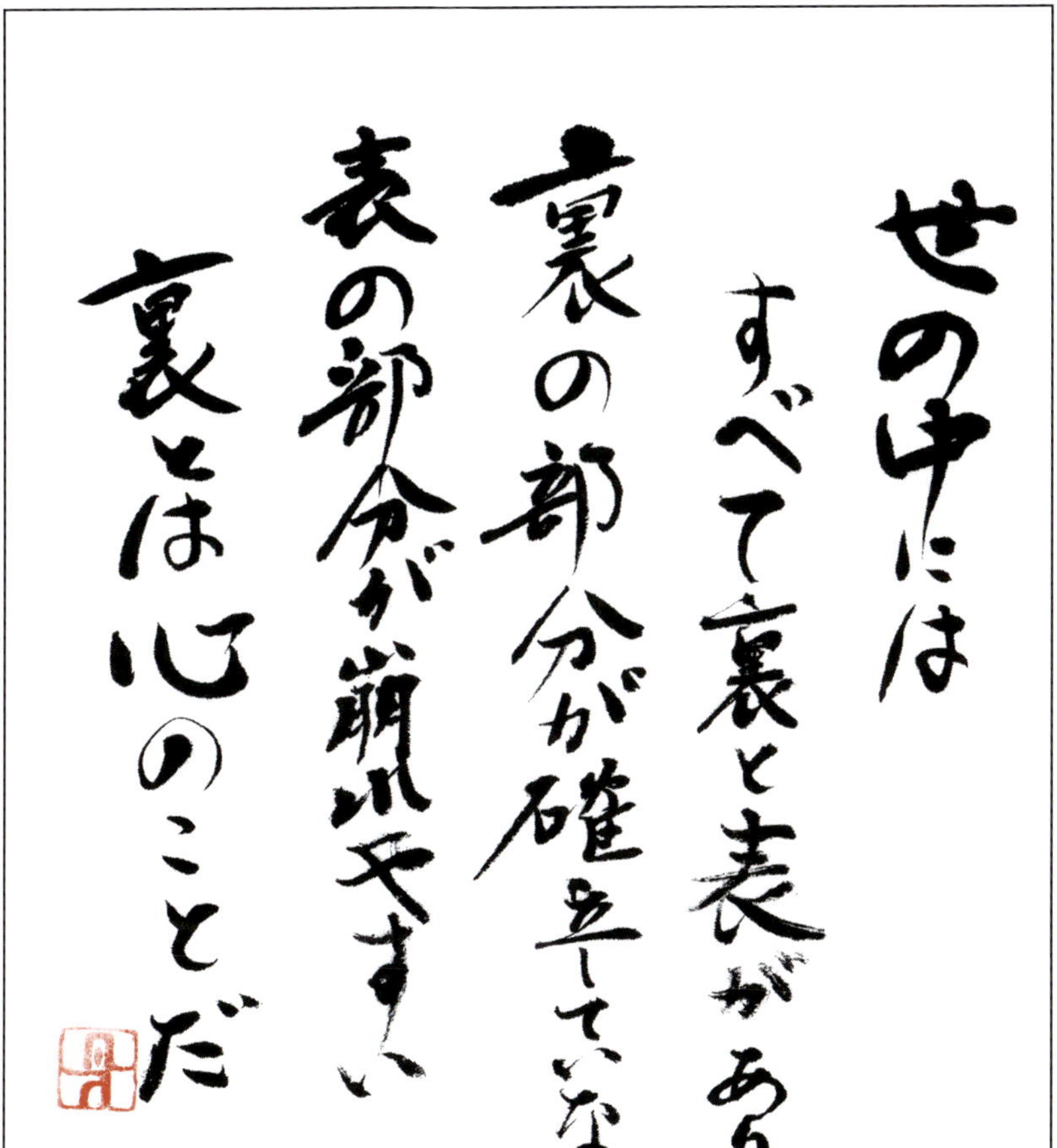
世の中には
すべて裏と表がある
裏の部分が確立していないと
表の部分が崩れやすい
裏とは心のことだ

いま生きている
凡庸な人より
過去の賢人の方が
はるかに生きている

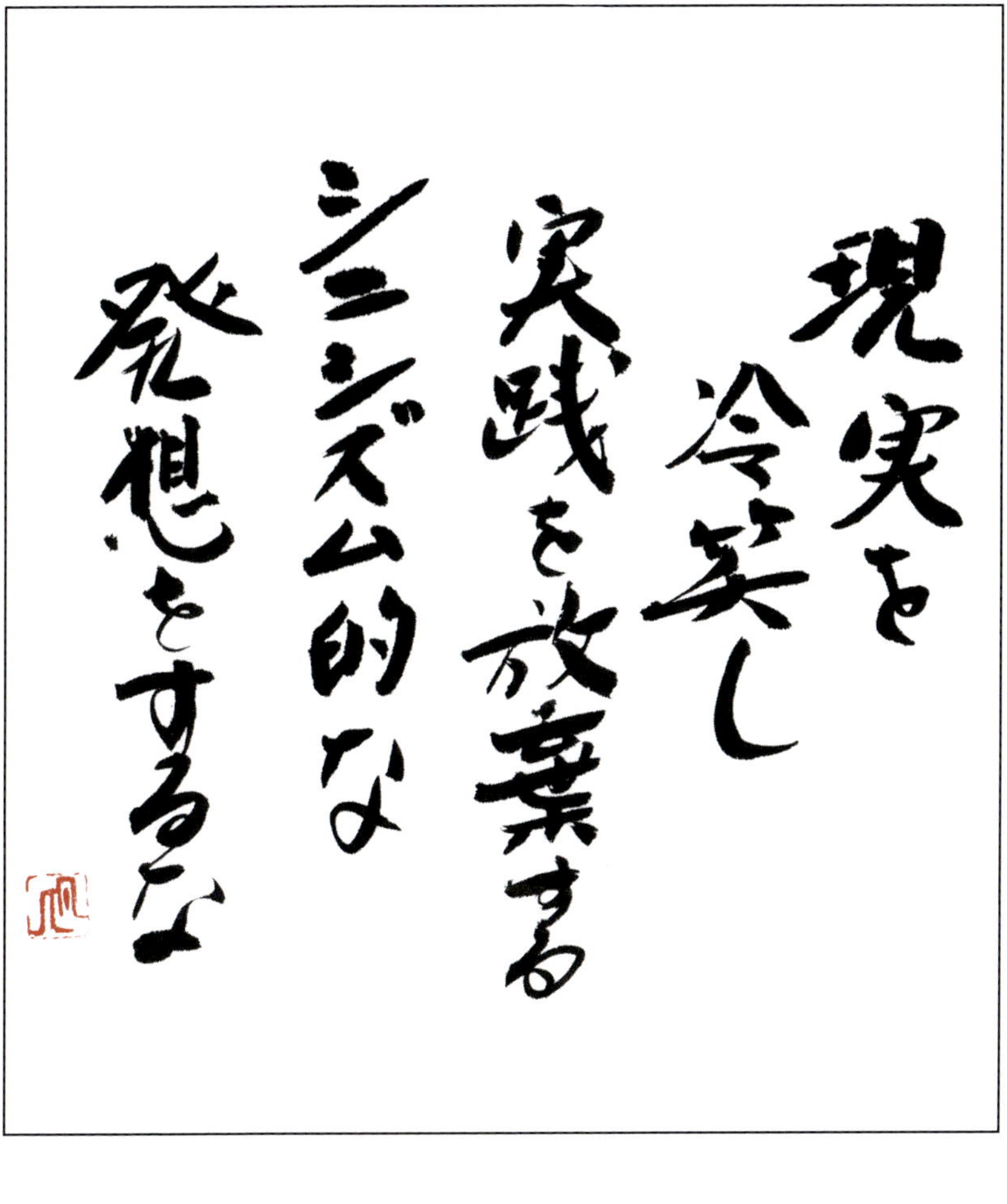
現実を冷笑し
実践を放棄する
シニシズム的な
発想をするな

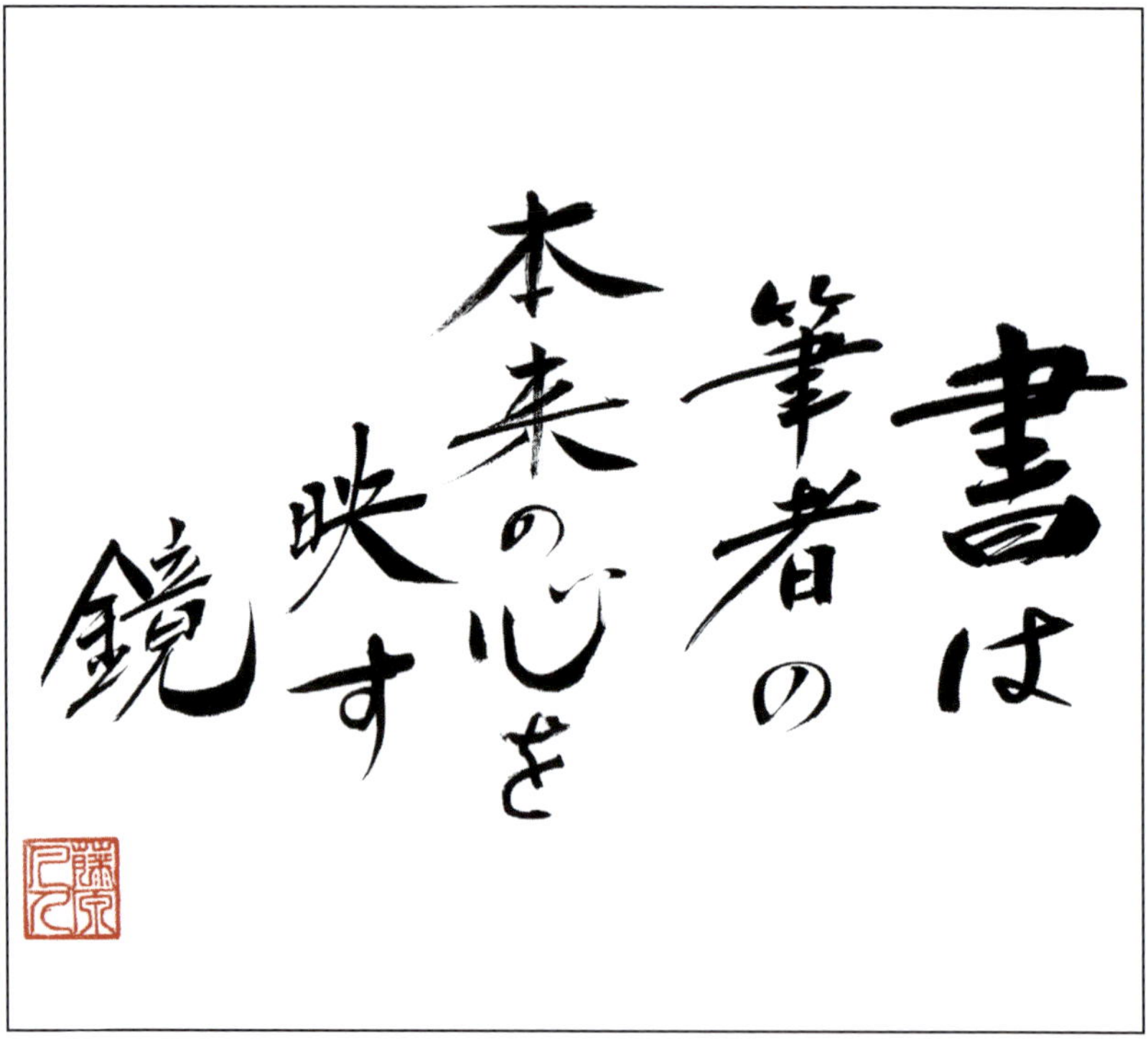
書は
筆者の
本来の心を
映す
鏡

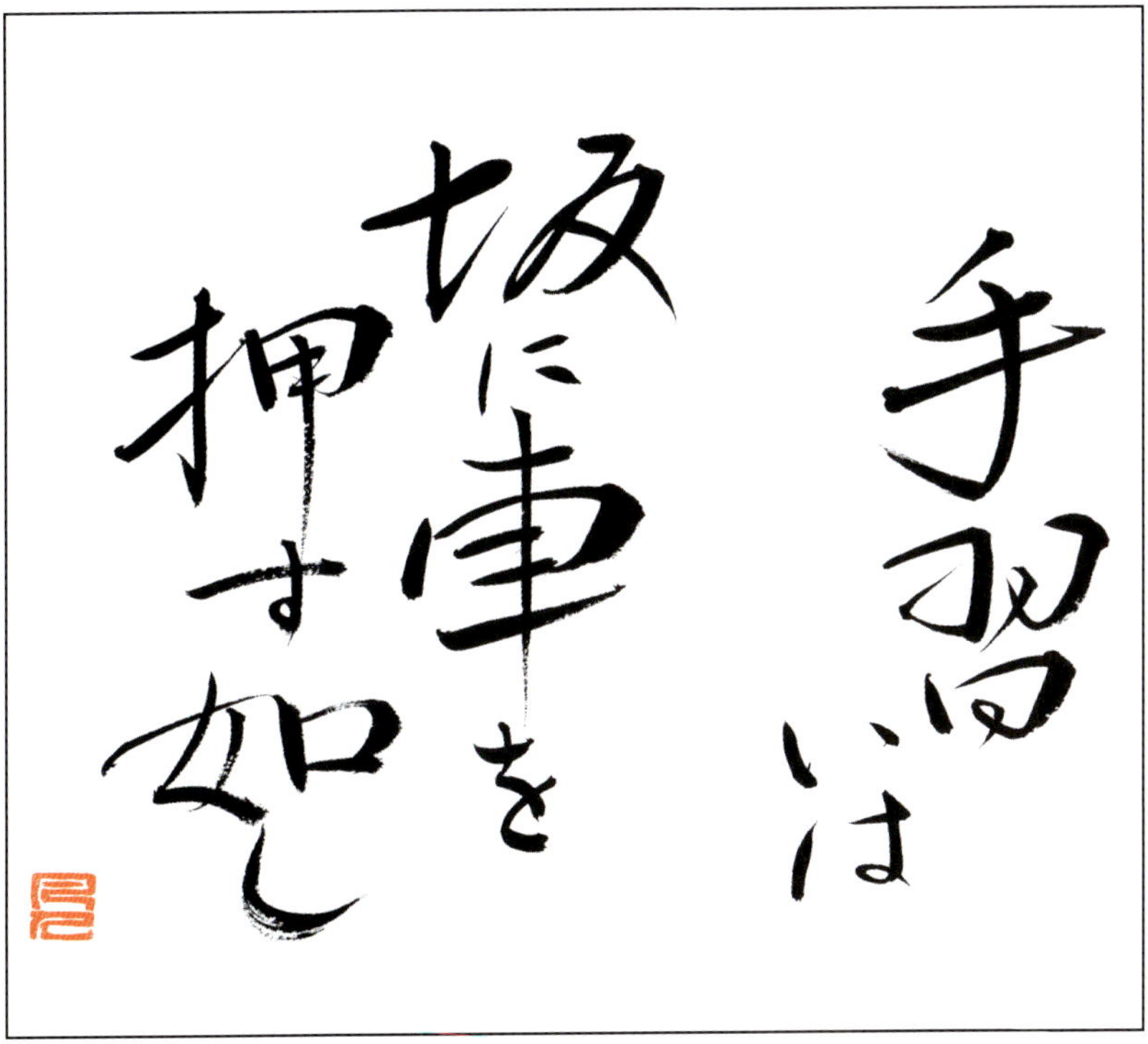
手習は
坂に車を
押す如し

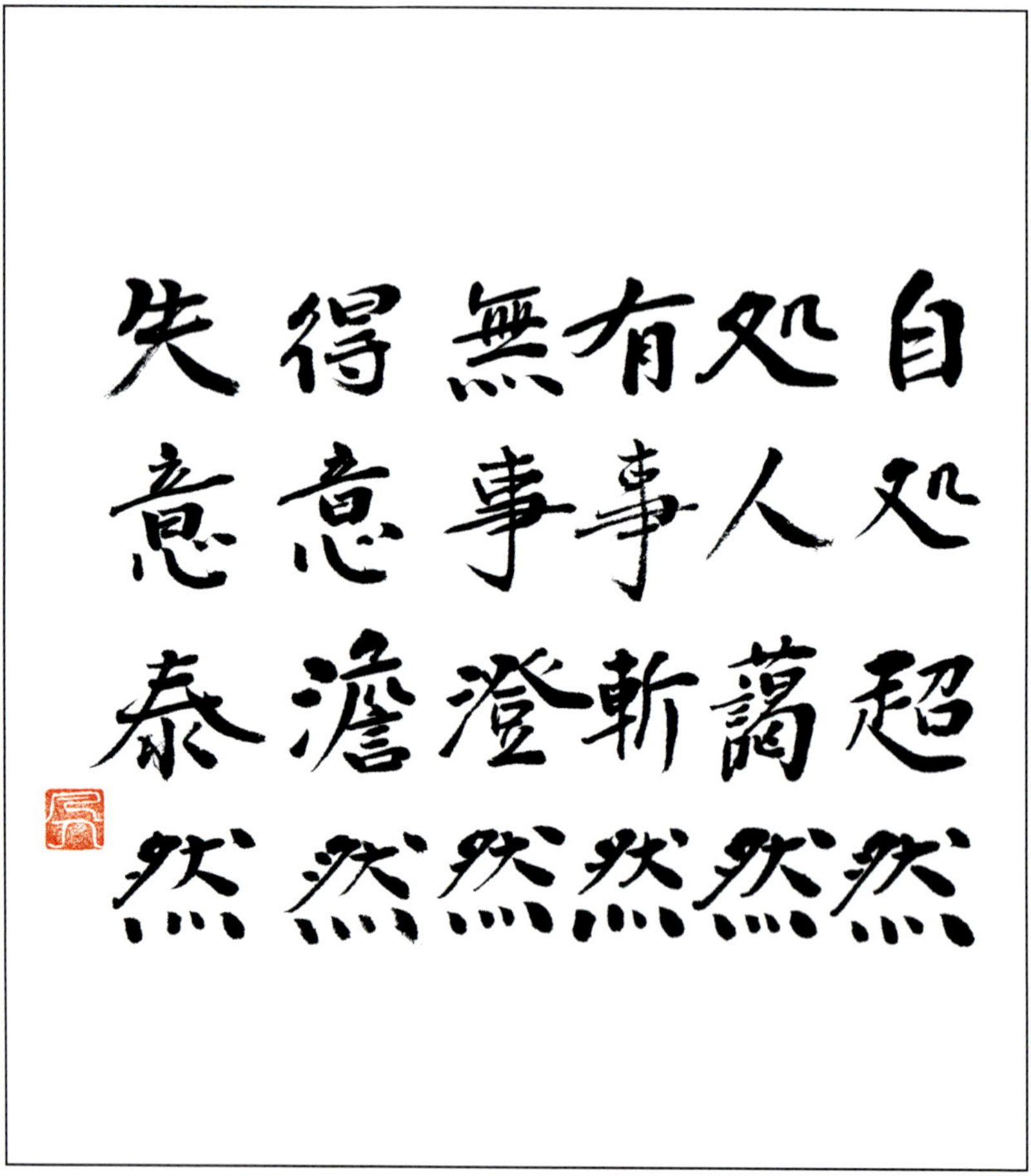
自処超然
処人藹然
有事斬然
無事澄然
得意澹然
失意泰然

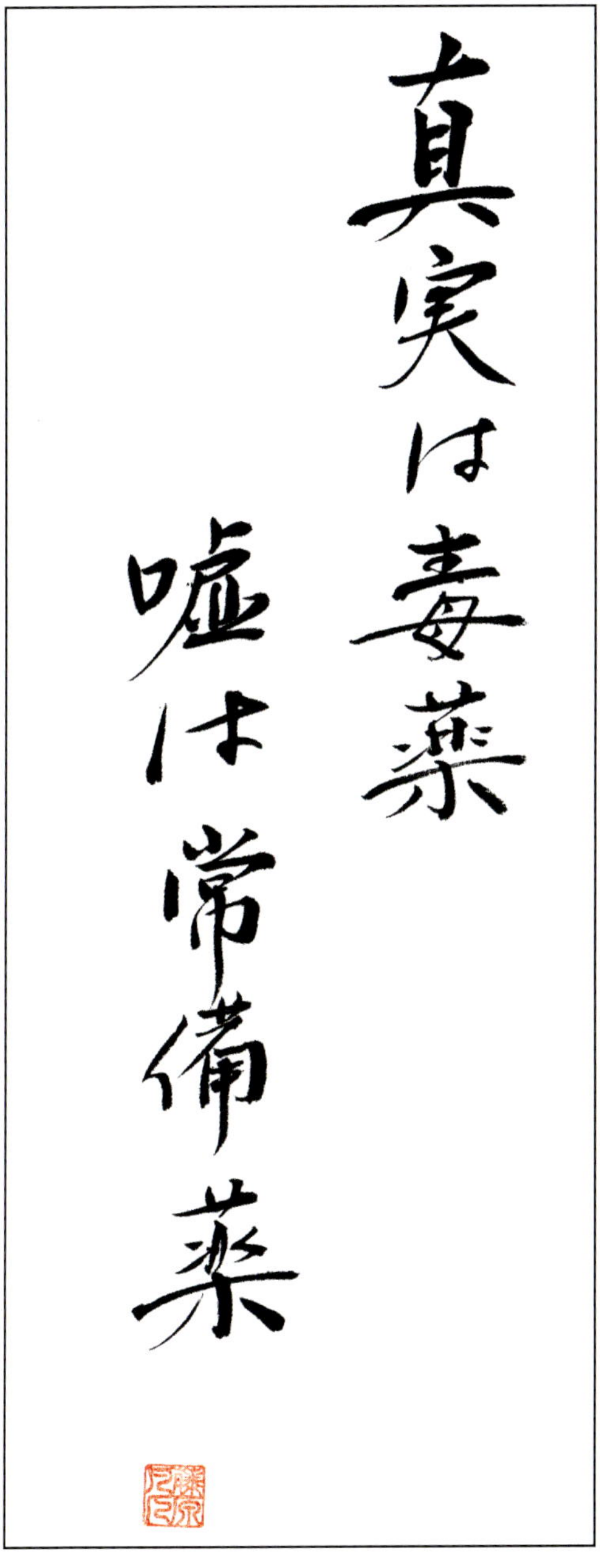
真実は毒薬
嘘は常備薬

自分を見つめ続けること
責任のある生き方は
こういうことだ

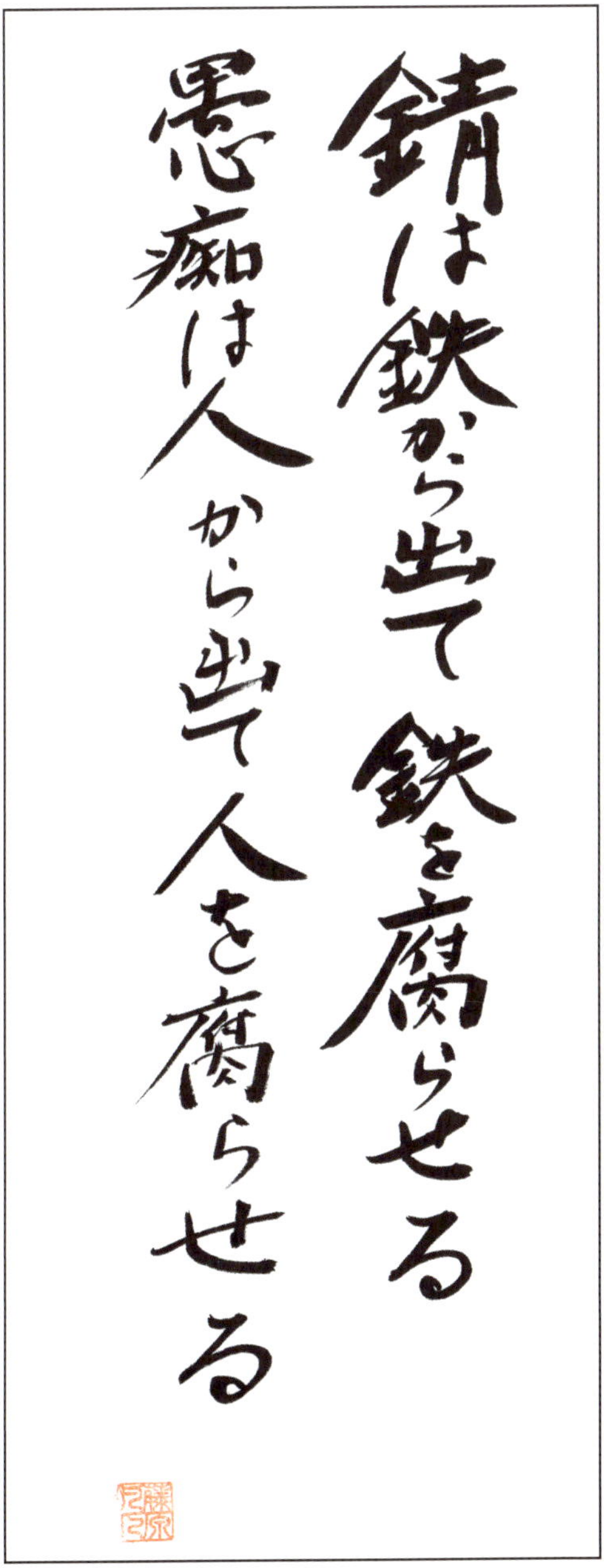
錆は鉄から出て鉄を腐らせる
愚痴は人から出て人を腐らせる

癖ある馬には
能がある

四、講演・研修講師の記録

平成6年	
1月25日（火）	波多見小学校研究会（郡小社研）
2月3日（木）	小屋浦小学校校内研修（生活科・理科）「うごくおもちゃをつくろう」新谷教諭
平成6年度	
4月	府中小学校校長就任
5月19日（木）	小屋浦小学校校内研修（理科）「てこ」淀屋教諭
20日（金）	音戸町教科部会（早瀬小）（生活科）講話
26日（木）	県寺脇教育長視察来校
6月17日（金）	県女性教育委員視察来校
29日（水）	府中東小学校校内研修（生活科）「雨の日だって楽しいよ」桧脇教諭
7月4日（月）	小屋浦小学校校内研修（理科）「空気と水」松村教諭
6日（水）	班生活科部会「海岸の生き物しらべ」山滝教諭
8月26日（金）	府中東小学校校内研修（生活科）講話「生活科で育てたいもの」
9月12日（月）	鹿老渡小学校校内研修（生活科）
14日（水）	班生活科部会（海田小）講話「教師の出番」
10月7日（金）	小屋浦小学校校内研修（理科）「ものの溶け方」菊川教諭
11日（火）	班教頭研修会　講話「自分を育てる」

21日（金）	波多見小学校校内研修（生活科）講話「待ちの姿勢を通して」
25日（火）	東雲教育実習生に　講話「見る自分見られる自分なりたい自分」
26日（水）	府中東小学校校内研修（生活科）「手のはたらき」吉川教諭
11月9日（水）	蒲刈町教育研究所集会（向小）講話「生活科の授業と評価」
21日（月）	小屋浦小学校校内研修（生活科）「ゆうびんきょくをひらこう」吉岡教諭
12月5日（月）	府中中央小学校校内研修（理科）「ものの溶け方」石山教諭
2月1日（水）	向原小学校校内研修（算数・理科）
8日（木）	府中東小学校生活科部会
3月3日（金）	熊野第一小学校校内研修（理科）「熱の伝わり方」福間教諭
平成7年度	
5月24日（水）	青崎小学校校内研修（同和・国語）講話「研修への構え」
30日（火）	波多見小学校校内研修（生活科）「うさぎさんと友だち」松浦教諭、「ちかくをたんけんしよう」前田・友澤教諭
6月7日（水）	班生活科部会（海田小）講話「向上目標について」
26日（月）	坂小学校校内研修（生活科）講話「自然事象を教材とした生活科」
7月3日（月）	小屋浦小学校校内研修「空気」増野教諭
5日（水）	班生活科部会　熊野第二小学校　講話「生活科の目標について」

9月13日（水）	班生活科部会（海田小）講話「生活科、イメージマップについて」
10月11日（水）	班生活科部会（海田小）「紙ひこうきをつくろう」畦地教諭
12日（木）	東雲教育実習生に　講話「自らを見つめて生きる」
27日（金）	県社会科研究会講師　講話「評価・評言の意味」
11月7日（火）	府中東小学校校内研修（生活科）講話「生活科でさせたい活動・体験」
8日（水）	班生活科部会（府中東小）講話「こだわりを大切にした授業」
15日（水）	ソニー教育賞優秀賞受賞
2月1日（木）	小屋浦小学校校内研修（理科）講師「おもりのはたらき」淀屋教諭
14日（水）	海田西小学校研究集会
21日（水）	広島県中高家庭科部会
平成8年度	
5月17日（金）	北海道本室蘭小学校校内研修
31日（金）	県高校家庭科部会（生涯学習センター）講演「新しい教育観と評価」
6月4日（火）	江田島小学校校内研修　講話「研修への構え・理科授業の構造」
27日（木）	三之瀬小学校校内研修（生活科）
7月2日（火）	横浜小学校校内研修（理科）「水溶液の性質」小西教諭
10日（水）	班理科部会（横浜小）「水と空気」畝川教諭

四、講演・研修講師の記録

8月30日（金）	府中東小学校校内研修（生活科）講話「生活科の授業を創る」
9月24日（火）	三之瀬小学校校内研修（生活科）講話「生活科の授業づくりと目標」
10月9日（水）	班理科部会（熊野第三小学校）「大地のでき方」荒瀧教諭
16日（水）	江田島小学校校内研修　「水溶液の性質」「おもりの動き方」
11月1日（金）	東雲教育実習生に　講話「教師の基本姿勢」
5日（火）	坂小学校校内研修（生活科）講話「めあてを大切にした授業づくり」
13日（水）	班理科部会（海田南小）「おもりの動かす力」片岡教諭
15日（金）	北海道本室蘭小学校研究会講師　講演「みんなちがってみんないい」
22日（金）	横浜小学校校内研修（生活科）「秋まつりをしよう」山滝教諭
1月10日（金）	安芸郡教育長・校長合同研修会　基調提案
16日（木）	広島県教育問題協議会（府中小）学校経営・生活科について提言
2月6日（木）	小屋浦小学校校内研修（生活科）生活科・道徳・国語の合科
平成9年度	
5月12日（月）	民生委員さんへ　講話「このごろの学校」
7月30日（水）	三原小学校校内研修　講話「研修と教育活動の一体化」
8月27日（水）	海田西小学校校内研修　講話「個が生きる授業づくり」
9月3日（水）	江田島町教育研究集会（切串小）講演「個を生かす生活科・理科の指導法」

19日（金）	東雲教育実習生に　講話「自分を磨く」
10月27日（月）	小屋浦小学校校内研修（生活科）「まつりだワッショイ」山本教諭
28日（火）	賀茂・東広島教育研究大会講師　講話「授業の場づくりとは」
11月8日（土）	北海道「コスモスの会」授業研究
29日（土）	子育てを語る会　講演「子どもを育むということ」
12月2日（火）	三之瀬小学校校内研修「冬の遊び」小早川教諭・垣内教諭、講話「感性と評言」
1月13日（火）	安芸郡教育長・校長合同研修会　基調提案
28日（水）	江田島小学校校内研修（理科）
2月17日（火）	横浜小学校校内研修（生活科）「ふゆとあそぼう」吉岡教諭
3月2日（月）	府中町青少年育成会議青少年部会　講演「子育てと大人の役割」
平成10年度	
6月2日（火）	江田島小学校校内研修「水溶液」「物の燃え方」平本・織田教諭
9月3日（木）	江田島小学校校内研修　生活科指導案検討
10月12日（月）	向小学校校内研修（生活科）森野・三村教諭
22日（木）	横浜小学校校内研修（生活科）
28日（水）	横浜小学校校内研修（生活科）吉岡・清水教諭
11月10日（火）	江田島小学校研究会　低学年部会の助言者

16日（月）	三之瀬小学校校内研修（生活科）藤井・小早川教諭
21日（土）	広島県義務教育改革シンポジウム（中国新聞社ホール）パネラー（三村敏之・鈴木敏恵・桧山洋子氏と）
1月12日（火）	安芸郡教育長・校長合同研修　基調提案

（平成11年1月19日から4月19日まで入院手術療養）

平成11年度

6月24日（木）	上黒瀬小学校校内研修　生活科・総合学習について講話
10月7日（木）	文部省御手洗初等中等局長視察来校
20日（水）	給食教育文部大臣表彰受賞式（宇都宮総合文化会館）
25日（月）	横浜小学校校内研修　「わたから糸をつくる」吉岡教諭
29日（金）	生活科全国大会部会助言者（名古屋市立白鳥小）
11月5日（金）	全国小学校理科研究会6年部会助言者（倉敷市笠岡中央小）
12日（金）	熊野第一小学校研究会理科部会の指導助言
29日（月）	横浜小学校校内研修　「物の動きと衝突」小西教諭
12月1日（水）	府中中央小学校校内研修講師　「環境教育」
3日（金）	府中町民生児童委員会で講演　「みんなで育てよう地域の子」
24日（金）	広島の教育の未来を語る会主催「総合学習シンポジウム」（県民文化センター）パネラー

1月12日（水）	安芸郡教育長・校長合同研修　基調提案
2月8日（火）	府中北小学校ＰＴＡ講演会　講師「子どもを育むということ」
9日（水）	陸地部教育研究所研究集会理科部講師
10日（木）	広島県教育奨励賞（団体の部）受賞式（八丁堀シャンテ）
18日（金）	横浜小学校校内研修講師（生活科）吉岡教諭
3月22日（水）	青少年育成会議青少年部会で講演　「子ども会は何をするところ」
平成12年度	
5月30日（火）	向小学校校内研修講師（生活科）森野・神開教諭
6月21日（水）	府中北小学校校内研修講師　講話「総合的な学習について」
7月14日（金）	大須小学校ＰＴＡ講演会　講演「子どもを育むということ」
29日（土）	広島夏期障害児療育セミナー（宮島国民宿舎「杜の家」）講演「学童期の人間関係」
8月9日（水）	県立教育センターシンポジウム　パネラー
10日（木）～12日（土）	西日本特別研修会（蒲刈町県民の浜「輝の館」）「豊かな人間性の育成を志向する教育」
18日（金）	向小学校校内研修　生活科指導案検討
21日（月）	蒲刈町研究所講演会　講演「総合的な学習と学校の創意」
31日（木）	渡子小学校校内研修（生活科）「生活科指導案の検討（11月29日の研究会）に向けて」

10月9日（月）祝日	府中地区安全推進大会（府中南公民館）〈主催：全国地域安全運動・青少年によい環境を与える運動〉講演「子どもが育つ土壌づくり」
10日（火）	志和堀小学校校内研修（総合）「ふるさとを見つめ環境に主体的にかかわる子どもの育成」
11月1日（水）	府中東小学校校内研修（生活科）「お年寄りと平和公園へ行こう」
13日（月）	下蒲刈小学校校内研修（生活科）
22日（水）	安芸郡小学校社会科研究会（向小学校）低学年部会指導助言
29日（水）	渡子小学校研究発表会（生活科）低学年部会指導助言
12月18日（月）	下蒲刈小中一貫教育推進プロジェクト会議
2月14日（水）	陸地教科部会研究集会　府中南小学校高橋教諭の提案
3月17日（土）	「明青大学」（府中公民館）講演「豊かな人生経験を子育てに生かすために」
平成13年度	
5月22日（火）	芸北教育事務所主催小中校長研修会（戸河内ふれあいセンター）講演「新教育課程の実施と学校運営について」
31日（木）	熊野第一小学校校内研修　教師の姿勢・総合学習について講話
6月2日（土）	府中中央小学校ＰＴＡ講演会　講演「今、求めたい親の姿・教師の姿」
5日（火）	熊野第三小学校校内研修　生活科授業研究参観後講話
9日（土）	子育てセミナー第1回（府中公民館）「親子のコミュニケーション」

16日（土）	子育てセミナー第2回「親から学んだもの」
19日（火）	府中小学校校内研修　国語説明文　畝川教諭授業
20日（水）	蒲刈町教研集会　生活科授業参観後講話
23日（土）	子育てセミナー第3回「基本的な生活習慣としつけ」
30日（土）	子育てセミナー第4回「子どもの社会性を育てる」
7月7日（土）	子育てセミナー第5回「私の子育て論」
24日（火）	上安小学校校内研修　「総合的な学習の時間」
30日（月）	府中中央小学校校内研修　「学校教育と総合的な学習」
8月22日（水）	広島県新任教務主任研修会（生涯学習センター）「信頼される学校づくり」
27日（月）	登別市青葉小学校　「生きる力をはぐくむ授業づくり」
9月6日（木）	渡子小学校校内研修　「生活科・総合的な学習」指導案検討
21日（金）	広島大学附属東雲小学校教育実習生　講話「信頼される教師と学校」
10月6日（土）	家庭教育セミナー⑥「父親の子育て経験」
13日（土）	家庭教育セミナー⑦「家庭での父親の役割」
16日（火）	向小学校校内研修（生活科）
20日（土）	家庭教育セミナー⑧「職場と家庭」
22日（月）	柿浦小学校校内研修（生活科）

25日（木）	全国小学校理科研究大会（鈴張小）
26日（金）	〃　（3年生部会指導助言）「ものづくり」
27日（土）	家庭教育セミナー⑨「夫婦のコミュニケーション」
30日（火）	海田南小学校校内研修（生活科）
11月6日（火）	蒲刈小学校ＰＴＡ講演会　「学校の役割・家庭の役割」
8日（木）	北海道登別市青葉小学校校内研修
9日（金）	〃　〃　「校内研修の進め方について」
16日（金）	こばと幼稚園　講演「のぞましい親子関係のあり方」
17日（土）	家庭教育セミナー⑩「父親の地域参加」
22日（木）	子育てボランティア講演会（ふれあい福祉センター）
12月4日（火）	安芸府中郵便局人権講演会　「みんなちがってみんないい」
1月12日（土）	家庭教育セミナー⑪「いまどきの妊娠・出産事情①」
22日（火）	府中南保育園　講話「これからの子育て」
23日（水）	切串小学校校内研修（理科）
2月2日（土）	家庭教育セミナー⑫「いまどきの妊娠・出産事情②」
16日（土）	家庭教育セミナー⑬「いろいろな子育て　外国の子育て事情」
3月9日（土）	家庭教育セミナー⑭「みんなで支える子育て」

16日（土）	家庭教育セミナー⑮「21世紀の子育てのために」
平成14年度	
5月13日（月）	小屋浦小学校校内研修　「校内研修の進め方」
14日（火）	下高野山小学校校内研修　「校内研修への構え」
6月9日（土）	宮島町小中学校ＰＴＡ講演会　講演「子どもを育むということ」
12日（水）	府中北小学校校内研修　「学びが成立する総合的な学習」
22日（土）	家庭教育セミナー①「なんだか似てるね―子どもは親の姿を見て育ちます―」
26日（水）	下高野山小学校校内研修
7月4日（金）	広島県ＰＴＡ代表者会研修会（生涯学習センター）講演「学校教育とＰＴＡ活動」
6日（土）	府中東小学校ＰＴＡ講演会
10日（水）	柿浦小学校校内研修
13日（土）	家庭教育セミナー②「ごはん、きちんと食べていますか？―基本的な生活習慣などについて―」
26日（金）	豊田郡北方小学校ＰＴＡ講演会　講演「子どもの発達と親のかかわり方」
8月17日（土）	音戸町小中ＰＴＡ講演会　講演「家庭教育と学校教育」
30日（金）	北海道登別市青葉小学校校内研修
9月13日（金）	教育実習生講話（東雲附小）

14日（土）	家庭教育セミナー③「ぼくたち　わたしたちの気持ち―子どもたちの声に耳を傾けよう―」
10月5日（土）	府中町ボランティアまつり（ふれあい福祉センター）講演「ボランティア活動で学ぶもの」
12日（土）	家庭教育セミナー④「どうしたらいいの？こんなとき―一人で悩まず相談してみよう―」
18日（金）	蒲刈小学校ＰＴＡ講演会　「家庭教育の役割」
22日（火）	下高野山小学校研究会　講演「子どもを育む土壌づくり」
11月14日（木）	蒲刈小学校校内研修（総合）
16日（土）	家庭教育セミナー⑤「かわいい子には旅をさせよ―子どもたちは多くの人の中で成長していきます―」
21日（木）	広大東雲附属小学校研究会シンポジウム　「これからの学校の役割1」
29日（金）	北海道登別市青葉小学校研究会　講演「生きる力を育てる土壌づくり―子どもを育むということ―」
12月11日（水）	広島西部地区校長研修会　講演「時代の要請に応える学校経営について」
14日（土）	家庭教育セミナー⑥「子どもたちからのサイン①―学校に行きたくないよ―」
1月18日（土）	家庭教育セミナー⑦「子どもたちからのサイン②―非行について―」
25日（土）	宮園小学校ＰＴＡ講演会
28日（火）	姫路市校長会　講演「自立をめざす学校経営」
29日（水）	海田南小学校校内研修

30日（木）	小屋浦小学校校内研修
31日（金）	佐伯郡沖小学校ＰＴＡ講演会
2月15日（土）	家庭教育セミナー⑧「自分を育ててくれたもの―頑張って続けたこと・影響を受けた人―」
平成15年度	
5月22日（木）	大竹市木野小学校校内研修（道徳）「自分が好き　友だちも好き　自己存在感の自覚をめざして」
6月4日（水）	安芸郡陸地部理科部会　講話「授業をつくる―理科授業を中心に―」
5日（木）	広島市本川小学校校内研修　「子どもを育てる上での学校の役割」
13日（金）	平成15年度学校経営講座（広島県教育センター）　教頭初任研「教頭のリーダーシップ」
14日（土）	子育てバンザイ！（府中公民館家庭教育講座講演）「今、大切にしたい教育観」
7月8日（火）	高田郡小学校長会　講演「今、校長に求められるもの」
10日（木）	府中町留守家庭児童会研修会　講話「留守家庭児童会指導員の心がまえ」
11日（金）	広島県西部地区教頭研修会　講演
12日（土）	子育てバンザイ！（府中公民館家庭教育講座）
29日（火）	井口明神小学校校内研修　「校内研修への構え」
30日（水）	広島県事務職員研修会　助言
8月1日（金）	三原小学校校内研修　「自己肯定感をもたせる教育活動」

5日（火）　能美三町教育研究会　講演「今、学校に求められるもの」

9日（土）　子育てバンザイ！（府中公民館家庭教育講座）

25日（月）　昭和北小学校校内研修　「校内研修の進め方」

28日（木）　福岡県八女市小学校校長会視察来校　「教職員の意識改革」

9月6日（土）　子育てバンザイ！（府中公民館家庭教育講座）「塾・習いごとについて考える」

10月18日（土）　子育てバンザイ！（府中公民館家庭教育講座）

11月13日（木）　西部地区教研部会（宮内小）

15日（土）　府中中央小学校教育公開日　講演「自分を育てるのは自分です」

21日（金）　北海道登別市青葉小学校教育公開講演　「子どもが育つ土壌づくり」

22日（土）　教育研究会「ほたるぶくろの会」（登別の有志のサークル）「教育を語る会の講話」

26日（水）　蒲刈町教育研究集会講師

27日（木）　宮園小学校「学校懇談会」（宮園公民館）「子どもを育むということ」

1月17日（土）　子育てバンザイ！（府中公民館家庭教育講座）

20日（火）　熊野第二小学校ＰＴＡ講演会　「子どもを育むということ」

府中中央小学校教育公開日
（11月15日）

2月20日（金）	安芸郡小学校冬季教頭研修会（呉ポートピアパーク）「活力ある学校づくりのために」
28日（土）	子育てバンザイ！（府中公民館家庭教育講座）
3月2日（火）	安芸郡陸地部小学校長研修会（ホテルセンチュリー21広島）「校長に伝えておきたいこと」
平成16年度	
5月6日（木）	金剛寺小学校校内研修　「研修の進め方」
15日（土）	府中公民館子育て講座〝豊恵と凡人子育て指南〟「子どもの心がみえますか」
22日（土）	日本科学教育学会中国支部研究大会（県立女子大）シンポジウムパネラーとして小・中学校の現状提案
27日（木）	安芸郡教科用図書採択地区選定委員会（海田公民館）
6月9日（水）	県立女子大学講義
16日（水）	竹原市豊田郡東小学校長研修会　「校長としての在り方」
17日（木）	県立女子大学講義
18日（金）	県立女子大学講義
19日（土）	海田南小学校ＰＴＡ講演会　「子どもを育むということ」
22日（火）	つばめ幼稚園保護者会　講話「育児は育自で」

安芸郡小学校冬季教頭研修会
（２月20日）

23日（水）	広島教育事務所管内小・中学校校長研修会　「新たな学校組織と人材育成」
24日（木）	呉市小学校教頭研修会　「リーダーとしての教頭のあり方」
25日（金）	県立女子大学講義
28日（月）	県立女子大学講義
7月1日（木）	県立女子大学講義
2日（金）	安芸郡音戸町立渡子小学校校内研修
5日（月）	府中小学校「藤原塾」よい授業をつくる
6日（火）	安芸郡教科用図書採択地区選定委員会
9日（金）	三次市酒河公民館家庭教育講座　「親・おや？――「育児」は「育自」で――」
10日（土）	若竹保育園保護者会　講話「子どもを育むということ」
10日（土）	府中公民館子育て講座〝豊恵と凡人子育て指南〟「やる気を起こす、子どもへの声かけ」
23日（金）	呉市立大入小学校校内研修　「個人テーマによる研修について」
29日（金）	広島市長東小学校校内研修
8月24日（火）	備北教育事務所管内小中学校長研修会　講演「子どもが育つ土壌づくり」
21日（土）	異見会講話「わたしの学校づくり」
25日（水）	海田小学校校内研修
26日（木）	坂町人権教育研究会　講演

	26日（木）	府中小学校「藤原塾」よい授業をつくる
	27日（金）	広島大学附属東雲小学校校内研修
	30日（月）	府中北小学校校内研修
9月	10日（金）	広島大学附属東雲小教育実習生　講話
	11日（土）	府中公民館子育て講座〝豊恵と凡人子育て指南〟
	17日（金）	府中小学校「藤原塾」よい授業をつくる
	21日（火）	北海道北黄金小学校　講演
	22日（水）	北海道登別市「ほたるぶくろの会」講話
10月	13日（水）	府中南小学校校内研修
	23日（土）	広島大学附属東雲小学校ＰＴＡ講演会
	30日（土）	廿日市市市民講座　講演「親・おや？―育児は育自で―」
11月	11日（木）	廿日市市養護教諭部会研修会
	12日（金）	因島市土生小学校研究会　講演
	13日（土）	府中公民館子育て講座〝豊恵と凡人子育て指南〟
	17日（水）	坂町研究部会　講話
	18日（木）	こばと幼稚園　講話
	19日（金）	府中北小学校公開指導助言

24日（水）　広島市校長会教育研究部会（大芝小）講話
25日（木）　廿日市市金剛寺小学校研究公開講師
12月4日（土）　広島市西区ＰＴＡ研究大会　講演「〃根っこ〃を育てる教育」
15日（水）　竹原市教頭研修会　「学校経営と教頭に求めるもの」
1月8日（金）　府中金剛保育所子育て講話
21日（金）　倉橋東小学校ＰＴＡ講演会　「〃根っこ〃を育てる」
26日（水）　呉市大入小学校校内研修
29日（土）　宮園小学校ＰＴＡ講演会
2月1日（火）　宮園小学校校内授業研究
7日（月）　県連小学校経営部会　講話
12日（土）　異見会定例会　講話「わたしの学校づくり」
16日（水）　横浜保育所保護者講演会
17日（木）　切串小学校校内研修
21日（月）　宮園小学校校内授業研究
26日（土）　府中公民館子育て講座　〃豊恵と凡人子育て指南〃
3月3日（木）　府中北小学校ＰＴＡ講演会
4日（金）　因島市土生小学校ＰＴＡ講演会（14：00～）

4日（金）	豊田郡安芸津町風早小学校ＰＴＡ講演会（19：00～）
19日（土）	府中公民館子育て講座〃豊恵と凡人子育て指南〃
28日（月）	切串小学校校内研修
平成17年度	
4月21日（木）	ＪＡ三次女性部総代会　講演「自分を育てる」
24日（日）	教育ネットワーク中国公開講座　講話「これからの教師像―教職をめざすみなさんへ―」
5月10日（火）	新採用教員研修会（宮園小）
14日（土）	府中公民館家庭教育セミナー　―ぼんじんの子育て未来塾―　「子どもを育むということ」
18日（水）	県立女子大学講義　「教職ガイダンス」
6月8日（水）	県立女子大学講義　「指導案と模擬授業」
11日（土）	府中公民館家庭教育セミナー　―ぼんじんの子育て未来塾―　「父親として何をしたか」
15日（水）	坂保育所　講話「〃根っこ〃を育てる―育児は育自―」
15日（水）	県立女子大学講義　「教育課程（学習指導要領）」
19日（日）	野路東小学校ＰＴＡ講演会
22日（水）	県立女子大講義
28日（火）	安芸太田町教頭会
29日（水）	平岩小学校校内研修会　「学びのある授業づくり」

7月8日（金）　学校経営研修会講話（宮島「杜の家」）
9日（土）　府中公民館　講話「子育て未来塾」
17日（日）　安芸高田市マネンジメント研修会　講演
29日（金）　芸北教育事務所指導主事研修会　講話
8月2日（火）　安芸高田市教務主任研修会　講話
18日（木）　三次さわやか女性塾　講演
24日（水）　加計中学校校内研修
30日（火）　府中北小学校校内研修
9月9日（金）　東雲附属小学校教育実習生　講話
10日（土）　府中公民館「子育て未来塾」
15日（木）　安芸高田市教頭研修会（ミューズ）
20日（火）　渡子小学校校内研修
21日（水）　安芸郡民生委員研修会（府中南公民館）講話
26日（月）　芸北教育事務所指導主事研修会　講話
10月1日（土）　壬生小学校ＰＴＡ講演会
5日（水）　船佐小学校校内研修
12日（水）　渡子小学校公開研究会　シンポジウムコーディネーター

13日（木）　広島大学修士課程講義　「教師のしごと」
15日（土）　府中公民館家庭教育セミナー　―ぼんじんの子育て未来塾―
19日（水）　十日市中学校研究会　講演
27日（木）　大野町教職員研修会　講話
11月22日（火）　府中北小学校生活科県大会講師
24日（木）　広島市利松公民館「子育て講座」講話
28日（月）　酒河小学校ＰＴＡ講演会　「自分を育てる」
30日（水）　金剛寺小学校公開研　講演
12月2日（金）　温品小学校公開研　講演
8日（木）　芸北教育事務所管内校長会　講話
10日（土）　府中公民館家庭教育セミナー　―ぼんじんの子育て未来塾―
16日（金）　八幡幼稚園　講話
1月14日（土）　横浜小学校ＰＴＡ講演会
17日（火）　津久茂小学校ＰＴＡ講演会
21日（土）　府中公民館家庭教育セミナー　―ぼんじんの子育て未来塾―
24日（火）　矢野南小学校ＰＴＡ講演会
2月4日（土）　府中南公民館シンポジウム

四、講演・研修講師の記録

5日（日）	三次市河内町　講演
14日（火）	安芸郡校長会　講話
15日（水）	広島市小学校校長部会　講話「学校経営について」
18日（土）	教育ネットワーク中国公開講座　講話
22日（水）	庄原市東小学校校内研修
23日（木）	四季が丘小学校校内研修
24日（金）	広島市安芸区教頭会　講話
3月1日（水）	府中北小学校ＰＴＡ講演会
3日（金）	広島市戸坂公民館　講話
平成18年度	
5月18日（木）	倉掛公民館高齢者　講演
19日（金）	尾三小中校長会　講演
25日（木）	五日市南小学校校内研修
26日（金）	柿浦小学校校内研修
6月1日（木）	広島女子大学講義
8日（木）	広島女子大学講義
11日（日）	広島県珠算連盟指導者研修会　講演

14日（水）	柿浦小学校校内研修
15日（木）	広島女子大学講義
17日（土）	のんの保育園　講話
19日（月）	亀崎小学校ＰＴＡ講演会
7月1日（土）	船佐小学校ＰＴＡ講演会
11日（火）	こばと幼稚園　講話
24日（月）	大州小学校校内研修（道徳）
29日（土）	修道院保育所　講話
8月3日（水）	早稲田中学校区研修会
5日（金）	大野公民館子育て講話
10日（木）	宮園公民館子育て講話
9月6日（水）	平岩小学校校内研修
8日（木）	東雲附属小学校教育実習生　講話
21日（水）	平岩小学校校内研修
10月6日（金）	大竹市木野小学校　講演
10日（火）	船越幼稚園園内研修
30日（日）	上黒瀬小学校校内研修

11月1日（水）府中北小学校ＰＴＡ講演会
6日（月）平岩小学校ＰＴＡ講演会
12日（土）川根小学校ＰＴＡ講演会
17日（金）坂町なぎさ幼稚園　講話
29日（水）平岩小学校社会科県大会（生活科）講師
12月6日（水）上黒瀬小学校ＰＴＡ講演会
7日（木）大野公民館子育て講話
16日（土）教育ネットワーク中国　講義
20日（水）入野小学校ＰＴＡ講演会
23日（土）備北教育事務所管理職養成講座　講話
1月22日（月）亀崎小学校ＰＴＡ講演会
25日（火）熊野第二小学校　講演
28日（日）両城小学校ＰＴＡ講演会
28日（日）吉川小学校ＰＴＡ講演会
2月1日（木）西志和小学校　講演
2日（金）渡子小学校研究発表会　シンポジウムコーディネーター
7日（水）三鷹小学校理科研究会　講師

9日（金）	広島市教頭会　講話
16日（金）	坂保育所　講話
17日（土）	東西条小学校ＰＴＡ講演会
27日（火）	小屋浦保育所　講話
28日（水）	三次教育問題　講話
3月5日（金）	五日市観音小学校　講話
27日（火）	子育てネットワーク　講演
平成19年度	
4月27日（金）	坂町子育て支援　講話
5月9日（水）	羽和泉小学校校内研修
15日（火）	広島県連合小学校長会総会（県民文化センター）講演
25日（金）	柿浦小学校子育て講座
6月6日（水）	県立女子大学講義
13日（水）	県立女子大学講義
17日（日）	川迫小学校ＰＴＡ講演会
19日（火）	戸坂城山小学校ＰＴＡ講演会
20日（水）	県立女子大学講義

広島県連合小学校長会総会
（5月15日）

22日（金）　南方小学校ＰＴＡ講演会
24日（日）　昭和西小学校ＰＴＡ講演会
27日（水）　羽和泉小学校校内研修
7月13日（金）　芸北八幡小学校ＰＴＡ講演会
23日（月）　平良小学校校内研修
25日（水）　田原小学校校内研修
26日（木）　牛田早稲田小学校校内研修
8月9日（木）　五日市観音小学校校内研修
21日（火）　千田小学校ＰＴＡ講話
25日（土）　教文研広島研修会　講話
26日（日）　呉宮原地区研修会　講話
9月3日（月）　久地南小学校校内研修
10日（月）　東雲附属小学校教育実習生　講話
11日（火）　柿浦小学校子育て講話
14日（金）　寺西小学校ＰＴＡ講演会
20日（木）　河内西小学校ＰＴＡ講演会
10月3日（水）　安芸郡理科部会（府中小学校）講師

	13日（土）	大野公民館子育て講話
	20日（土）	教文研広島研修　講話
	23日（火）	久地南小学校校内研修（模範授業理科5年「てこのはたらき」）
	26日（水）	庄原市立高小学校研究会（ことばの教育）講演
	31日（水）	十日市小学校ＰＴＡ講演会
11月	1日（木）	甲立小学校ＰＴＡ講演会
	4日（日）	海田南小学校公開研究会　講演
	7日（水）	安芸郡理科部会講師（府中中央小学校）
	11日（日）	大和中学校ＰＴＡ講演会
	14日（水）	戸河内小学校ＰＴＡ講演会
	17日（土）	大野公民館子育て講話
12月	5日（水）	府中小学校ＰＴＡ講演会
	10日（月）	海田小学校校内研修
	12日（水）	羽和泉小学校校内研修
	14日（金）	大塚小学校ＰＴＡ講演会
1月	15日（火）	熊野第二小学校ＰＴＡ講演会
	17日（木）	府中北小学校理科授業研修会

26日（土）三次市青少年育成シンポジウム　講演
27日（日）羽和泉小学校ＰＴＡ講演会
29日（火）豊島小学校研究会　講演
31日（木）柿浦小学校子育て講話
2月1日（金）海田東小学校校内研修
3日（日）船越公民館子育て講話
6日（水）田原小学校校内研修
7日（木）乃美尾小学校新1年生保護者　講話
13日（水）豊栄小学校新1年生保護者　講話
14日（木）廿日市市教科研究会（生活科）
15日（金）三原市須波小学校ＰＴＡ講演会
17日（日）志和堀小学校ＰＴＡ講演会
20日（水）東志和小学校新1年生保護者　講話
21日（木）平良小学校校内研修（理科）
22日（金）御薗宇小学校新1年生保護者　講話
25日（月）竹原市小中学校校長会　講話
27日（水）久地南小学校校内研修

28日（木）	本郷小学校ＰＴＡ講演会
3月14日（金）	大朝小学校ＰＴＡ講演会
平成20年度	
4月24日（木）	志和堀小学校校内研修
5月7日（水）	羽和泉小学校校内研修
12日（月）	田原小学校校内研修
21日（水）	船越南部保育所子育て講話
6月1日（日）	八重小学校ＰＴＡ講演会
7日（土）	矢賀幼稚園　講話
14日（土）	木谷小学校ＰＴＡ講演会
15日（日）	中黒瀬小学校ＰＴＡ講演会
20日（金）	東雲附属小学校研究会　講師
28日（土）	平良小学校ＰＴＡ講演会
30日（月）	三良坂小学校ＰＴＡ研修
7月5日（土）	府中南公民館・府中南小・緑中共催講演会
9日（水）	海田小学校校内研修
19日（土）	安芸高田市市民会議　講演

23日（水）	新庄小学校ＰＴＡ講演会
29日（火）	安芸高田市・山県郡女性管理職研修会　講話
30日（水）	田原小学校校内研修
8月1日（金）	宮園小学校校内研修
26日（火）	広島市幼稚園長研修会　講話
28日（木）	温品幼稚園研修会　講話
9月8日（月）	東雲附属小学校教育実習生　講話
19日（金）	志和地小学校人権講演会
24日（水）	志和地小学校校内研修
25日（木）	能美中学校校内研修
28日（日）	乃美尾小学校ＰＴＡ講演会
30日（火）	田原小学校校内研修
10月3日（金）	羽和泉小学校研究会地域部会　講話
9日（木）	芸北小学校ＰＴＡ講演会
11日（土）	広小学校ＰＴＡ講演会
24日（金）	能美中学校研究会　講演
26日（日）	志和地小学校研究会　講演

29日（水）	海田南小学校研究会　講演
11月4日（火）	東志和小学校PTA講演会
6日（木）	大草小学校PTA講演会
11日（火）	瀬野幼稚園PTA講話
12日（水）	上温品幼稚園PTA講話
13日（木）	三次中学校研究会　講演
17日（月）	海田東小学校校内研修
21日（金）	戸河内小学校新入生保護者　講話
26日（水）	羽和泉小学校校内研修（道徳）
27日（木）	庄原市高小学校PTA講話
28日（金）	坂小学校PTA講話
12月6日（土）	かつぎ幼稚園PTA講話
8日（月）	羽和泉小学校校内研修
16日（火）	加計小学校PTA講演会
25日（木）	甲立小学校校内研修
1月16日（金）	宮島学園（小中一貫）PTA講演会
20日（火）	熊野第二小学校PTA講話

21日（水）	女学院大学　講話
25日（日）	羽和泉小学校ＰＴＡ講演会
30日（金）	阿品台西小学校ＰＴＡ講演会
2月4日（水）	田原小学校校内研修
5日（木）	久地南小学校理科授業
6日（金）	皆実保育園ＰＴＡ講演会
10日（火）	甲立小学校ＰＴＡ講演会
13日（金）	須波小学校ＰＴＡ講演会
14日（土）	府中緑中・南小・中央小・南公民館共催シンポジウム
15日（日）	君田小学校ＰＴＡ講演会
18日（水）	瀬野公民館子育て講座
20日（金）	生涯学習センター　講話
25日（水）	芸北教職員研修大会　講話
27日（金）	府中北小学校ＰＴＡ講演会
28日（土）	府中公民館子育て講座
3月4日（水）	学校支援コーディネーター研修講座（生涯学習センター）講師

君田小学校 PTA 講演会
（2月15日）

平成21年度	
4月18日（土）	海田小学校ＰＴＡ講演会
30日（木）	羽和泉小学校校内研修
5月17日（日）	広島大学教員採用試験受験者　講座
24日（日）	緑井幼稚園ＰＴＡ講話
6月3日（水）	広島市校長会総務会　講話
4日（木）	瀬野幼稚園職員研修
12日（金）	久地南小学校ＰＴＡ講演会
14日（日）	甲田町小田東保育所　講話
21日（日）	瀬野幼稚園ＰＴＡ講話
26日（金）	矢賀幼稚園職員研修
28日（日）	小田東幼稚園ＰＴＡ講話
7月12日（日）	甲立保育園ＰＴＡ講話
28日（火）	玖波中学校ＰＴＡ講演会
8月18日（火）	庄原市小学校長研修会　講話
22日（土）	廿日市市女性管理職研修会　講話
26日（水）	久地南小学校校内研修

28日（金）　甲立小学校校内研修
9月7日（月）　東雲小学校実習生　講話
9日（水）　八木幼稚園ＰＴＡ講話
9日（水）　安芸府中高校校内研修
10日（木）　呉山手幼稚園ＰＴＡ講話
12日（土）　安芸高田市ＰＴＡ研修会
17日（木）　志和地小学校ＰＴＡ講演会
26日（土）　高屋東小学校人権研修会　講話
10月1日（木）　竹屋公民館子育て講話
6日（火）　庄原市板橋小学校ＰＴＡ講演会
7日（水）　内海小学校研究会　講演
8日（木）　伊尾小学校研究会　講演
10日（土）　宇津戸小学校研究会　講演
13日（火）　安芸高田市小田小学校ＰＴＡ講演会
15日（木）　津浪小学校ＰＴＡ講演会
16日（金）　こばと幼稚園ＰＴＡ講話
16日（金）　甲立小学校校内研修

18日（日）　黒瀬町講演会
21日（水）　神田小学校ＰＴＡ講演会
22日（木）　明立小学校ＰＴＡ講演会
23日（金）　羽和泉小学校研究会　講演
11月1日（日）　府中中央小学校研究会　講演
1日（日）　三原第一中学校ＰＴＡ講演会
5日（木）　八木小学校ＰＴＡ講演会
6日（金）　安西幼稚園ＰＴＡ講演会
6日（金）　御薗宇小学校　講演
14日（土）　東広島市ＰＴＡ連合会ＰＴＡ講演会
15日（日）　船越小学校ＰＴＡ講演会
17日（火）　熊野第四小学校ＰＴＡ講演会
18日（水）　志和地小学校校内研修
20日（金）　四季が丘中学校区ＰＴＡ講演会
21日（土）　昭和北中学校ＰＴＡ講演会
25日（水）　志和地小学校校内研修
26日（木）　酒河小学校ＰＴＡ講演会

黒瀬町講演会（10月18日）

12月2日（水）	甲山中学校　講演
4日（金）	大入小学校研究会　講演
21日（月）	府中緑ケ丘中学校　講演
1月16日（土）	広島市佐伯区三和中学校区ＰＴＡ講演会
17日（日）	尾道市三成小学校　講演
19日（火）	久地南小学校校内研修
20日（水）	女学院大学講義
24日（日）	造賀小学校ＰＴＡ講演会
27日（水）	甲立小学校校内研修
28日（木）	志和地小学校校内研修
2月3日（水）	府中八幡ライオンズマンション子育て講座
4日（木）	安芸高田市美土里町立志式　講話
10日（水）	沼田小学校　講演
18日（木）	熊野第二小学校　講演
3月3日（水）	羽和泉小学校校内研修
平成22年度	
4月13日（火）	広島県消防弁論大会審査

東広島 PTA 連合会（11月14日）

24日（土）	熊野第三小学校校内研修　講話
5月12日（水）	三筋保育園保護者講演会
24日（月）	世羅郡宇津戸小学校校内研修
26日（水）	須波小学校校内研修
29日（土）	比治山大学公開講座　講師「子どもを育むということ」
6月8日（火）	つばめ幼稚園保護者　講話
9日（水）	温品幼稚園園内研修
20日（日）	瀬野幼稚園保護者　講話
20日（日）	熊野第一小学校ＰＴＡ講演会
22日（火）	世羅郡宇津戸小学校研究会　講師
22日（火）	熊野町青少年育成町民会議　講演（夜）
29日（火）	広島市立幼稚園研修　講話
7月11日（日）	福山市〝根っこの会〟研修
16日（金）	安芸高田市翠小学校ＰＴＡ講演会
21日（水）	安芸府中高校校内研修　講話
30日（金）	安芸高田市甲立小学校校内研修
8月3日（火）	福山市〝根っこの会〟講演

4日（水）	雄鹿原小学校ＰＴＡ講演会（夜）
11日（水）	府中町教職員研究大会
18日（水）	大草小学校校内研修
22日（日）	酒河小学校キャンプファイヤー指導
26日（木）	亀山南小学校校内研修
27日（金）	久地南小学校校内研修
28日（土）	尾道市三成小学校ＰＴＡ講演会
9月3日（金）	瀬野幼稚園職員研修　講話
5日（日）	彩が丘小学校ＰＴＡ講演会
6日（月）	広島大学附属東雲小学校教育実習生　講話
9日（木）	三次市十日市中学校公開研究会　講演
10日（金）	安芸高田市吉田小学校ＰＴＡ講演会
12日（日）	広島県体育指導員研修会　講演
30日（木）	三原市須波小学校研究会　講話
10月22日（金）	広島市井原小学校校内研修
11月2日（火）	三次市酒河小学校ＰＴＡ講演会
4日（木）	三原市三原小学校ＰＴＡ講演会

5日（金）	山県郡壬生小学校公開研究会　講演
15日（月）	三次市志和地小学校校内研修
17日（水）	安芸高田市甲立小学校校内研修
20日（土）	呉市田原小学校公開研究会　講演
24日（水）	三次市志和地小学校校内研修
25日（木）	安芸太田町教頭研修会　講話
26日（金）	福山市高Ｐ連教育講演会
27日（土）	大竹市青少年育成市民会議　講演
12月2日（木）	彩が丘小学校授業研究　講話
5日（日）	福山市幕山小学校ＰＴＡ講演会
7日（火）	広島市井原小学校校内研修
8日（水）	世羅郡甲山中学校学校支援研修会　講演
13日（月）	三次市ロータリークラブ
27日（月）	府中町教職員研修会　講話
1月6日（木）	安芸高田市管理職研修　講話
12日（水）	女学院大学講義
15日（土）	安佐南区校長・ＰＴＡ会長研修会（東野小）講演

18日（火）　三原市幸崎小学校ＰＴＡ講演会
19日（水）　三原市大草小学校校内研修
21日（金）　口田幼稚園ＰＴＡ講話
22日（土）　三原市沼田小学校ＰＴＡ講演会
27日（木）　玖波小学校ＰＴＡ講演会
28日（金）　広島市八幡東小学校公開研　講演「子どもの人間性を育むために」
29日（土）　安芸高田市向原町青少年育成町民会議　講演
2月
2日（水）　三原市大草小学校校内研修
3日（木）　大竹小学校校内研修
4日（金）　熊野第三小学校新1年生保護者対象講話
7日（月）　府中北小学校ＰＴＡ講演会　「親であるということ」
9日（水）　甲立小学校校内研修
10日（木）　船佐小学校ＰＴＡ講演会
14日（月）　熊野第四小学校新1年生保護者対象講話
16日（水）　熊野第二小学校新1年生保護者対象講話
17日（木）　彩が丘小学校校内研修
18日（金）　熊野第二小学校新1年生保護者対象講話（安芸太田町）、「希望塾」講話

23日（水）	八木幼稚園ＰＴＡ講演会
平成23年度	
4月16日（土）	三原市須波小学校ＰＴＡ講演会
5月22日（日）	長束幼稚園ＰＴＡ講話
6月8日（水）	青崎保育園　講話
11日（土）	小谷小学校ＰＴＡ講演会
12日（日）	福山市川口東小学校校内研修
18日（土）	広島市安小学校ＰＴＡ講演会
19日（日）	矢野幼稚園ＰＴＡ講話
19日（日）	東広島市三永小学校ＰＴＡ講話
22日（水）	福山市能登原小学校ＰＴＡ講演会
24日（金）	安芸高田市小田東小学校ＰＴＡ講演会
27日（月）	広島市志屋小学校校内研修
30日（木）	広島市井原小学校校内研修
7月3日（日）	廿日市市浅原小学校ＰＴＡ講演会
4日（月）	甲立小学校校内研修
5日（火）	船佐保育園ＰＴＡ講話

11日（月）　真亀幼稚園職員研修
17日（日）　音戸町青少年補導員総会　講演
8月1日（月）　船佐小学校校内研修
2日（火）　府中町新任者研修　講話
26日（金）　安芸高田市甲立小学校校内研修
29日（月）　広島市矢野南小学校校内研修
30日（火）　広島市久地南小学校校内研修
9月2日（金）　広島市彩が丘小学校高学年児童への講話
4日（日）　広島市彩が丘小学校ＰＴＡ講演会
6日（火）　三原市三原西小学校ＰＴＡ講話
7日（水）　広島大学附属東雲小学校教育実習生　講話
10日（土）　安芸高田市向原町青少年育成町民会議　講演
14日（水）　三次市志和地小学校ＰＴＡ講話
16日（金）　呉市安登小学校ＰＴＡ講話
21日（水）　福山市川口東小学校ＰＴＡ講演会
27日（火）　安芸太田町「希望塾」講話
10月12日（水）　安芸高田市吉田小学校校内研修

29日（土）	呉市明立小学校研究会　講演
11月2日（水）	呉市音戸小学校ＰＴＡ講話
5日（土）	広島市安芸区中学校区意見発表会　講話
6日（日）	広島市比治山小学校ＰＴＡ講演会
9日（水）	三次市志和地小学校校内研修
13日（日）	安芸高田市川根小学校ＰＴＡ講演会
27日（日）	江田島市鹿川小学校ＰＴＡ講演会
29日（火）	府中町民生児童委員　講話
30日（水）	三次市志和地小学校校内研修
12月12日（月）	安芸高田市来原保育園ＰＴＡ講話
15日（木）	広島市井原小学校校内研修
1月15日（日）	広島市真亀幼稚園ＰＴＡ講話
17日（火）	三原市幸崎小学校ＰＴＡ講演会
19日（木）	安芸高田市市役所中間管理職研修　講話
22日（日）	東広島市東西条小学校ＰＴＡ講演会
24日（火）	竹原市小中学校長・ＰＴＡ会長合同研修会　講話
26日（木）	三原市木原小学校ＰＴＡ講演会

27日（金）	女学院大学講演
27日（金）	広島市瀬野川中学校ＰＴＡ講演会
30日（月）	府中町八幡（ライオンズマンション）地域懇談会　講話
2月5日（日）	東広島市上黒瀬小学校ＰＴＡ講演会
8日（水）	広島市鈴峯保育園　講話
9日（木）	安芸高田市吉田保育園　講話
14日（火）	三次市志和地小学校校内研修
17日（金）	三原市柑梨小学校ＰＴＡ講演会
18日（土）	広島市教職員研修　講話
22日（水）	安芸高田市甲立小学校校内研修
25日（土）	庄原市青少年育成会議　講演
27日（月）	世羅町甲山中学校区ＰＴＡ講演会
3月3日（土）	尾道市三成小学校ＰＴＡ講演会
4日（日）	福山市あおぞら会　講話
15日（木）	府中南公民館老人大学若返り式　講話
平成24年度	
5月14日（月）	府中町北部民生児童委員協議会　講話

23日（水）安芸高田市船佐小学校校内研修
27日（日）北広島町大朝小学校ＰＴＡ講演会
6月10日（日）東広島市平岩小学校ＰＴＡ講演会
22日（金）安芸高田市みどりの森保育園　講話
27日（水）三原市須波小学校校内研修
7月1日（日）東広島市板城西小学校ＰＴＡ講演会
4日（水）安芸高田市甲立小学校校内研修
20日（金）広島県青少年育成県民会議指導者研修会　講話
26日（金）広島市佐伯区五日市観音小学校校内研修
8月1日（水）安芸高田市船佐小学校校内研修
28日（火）広島市安佐南区東野小学校校内研修
29日（水）広島市安佐北区久地南小学校校内研修
30日（木）府中町青少年育成会議30周年記念　講演
9月3日（月）広島市船越幼稚園　講話
4日（火）安芸高田市保育園長研修会　講話
7日（金）広島大学附属東雲小学校教育実習生　講話
13日（木）世羅郡甲山小学校ＰＴＡ講演会

19日（水）　広島市江波小学校ＰＴＡ講演会
21日（金）　府中中学校公開研究会　子どもシンポジウムのコーディネーター
23日（日）　竹原市忠海西小学校ＰＴＡ講演会
10月3日（水）　青少年育成県民会議「家庭の日」の作文審査
5日（金）　安芸高田市甲立小学校地域公開研
10日（水）　三次市三和中学校区小中連携教育公開研　講演
22日（月）　安芸高田市主任保育士研修会
25日（木）　宮園小学校道徳公開研究会
11月1日（木）　海田西小学校公開研　講演
5日（月）　府中南小学校職員研修
8日（木）　庄原中学校ＰＴＡ講演会
10日（土）　広島市原小学校　講演
11日（日）　江田島市鹿川小学校ＰＴＡ講演会
13日（火）　廿日市市阿品台中学校公開研　講演
18日（日）　三原市須波小学校ＰＴＡ講演会
21日（水）　安芸高田市船佐小学校校内研修
22日（木）　広島市久地南小学校校内研修

平成25年度	24日（土）	府中北小学校ＰＴＡ講演会
	29日（木）	広島市志屋小学校校内研修
	12月1日（土）	呉市藤脇地区講演会
	1月12日（土）	府中町教育シンポジウム：コーディネーター
	18日（金）	女学院大学講義
	18日（金）	安芸高田市甲立小学校ＰＴＡ講演会
	21日（月）	庄原市教頭研修会
	27日（日）	三原市糸崎小学校ＰＴＡ講演会
	30日（水）	三原市八幡小学校ＰＴＡ講演会
	2月4日（月）	府中町八幡ライオンズマンション教育懇談会
	5日（火）	竹原市教頭研修会
	13日（水）	竹原市東野小学校ＰＴＡ講演会
	16日（土）	庄原市東自治区講演会
	20日（水）	安芸高田市甲立小学校校内研修
	24日（日）	東広島市風早小学校ＰＴＡ講演会
	3月16日（土）	府中南公民館人権講演会

三原市糸崎小学校 PTA 講演会
（1 月27日）

4月20日（土）　広島市深川小学校ＰＴＡ講演会
5月29日（水）　三原市沼田東小学校校内研修
6月4日（火）　福山市つくし保育園　講話
14日（金）　山県郡新庄小学校ＰＴＡ講演会
16日（日）　呉市荘山田小学校ＰＴＡ講演会
24日（月）　呉市仁方小学校ＰＴＡ講演会
30日（日）　広島市久地南小学校「心の参観日」講演
7月4日（木）　広島市己斐小学校「心の参観日」講演
6日（土）　安芸高田市ひまわり保育所　講話
8月19日（月）　安芸高田市船佐小学校校内研修
22日（木）　山県郡小学校長会　講話
28日（水）　広島市久地南小学校校内研修
29日（木）　広島市原小学校校内研修
9月6日（金）　広島大学附属東雲小学校教育実習生　講話
7日（土）　三原市小中ＰＴＡ会長連合会　講演
12日（木）　広島市原小学校ＰＴＡ講演会
13日（金）　三原市鷺浦小学校ＰＴＡ講演会

20日（金）	広島市日浦小学校「心の参観日」講話
10月2日（水）	安芸高田市甲立小学校校内研修
11日（金）	福山市本郷小学校ＰＴＡ講演会
28日（月）	安芸高田市来原小学校校内研修
11月20日（水）	安芸高田市船佐小学校校内研修
22日（金）	福山市城西中学校区ＰＴＡ講演会
28日（木）	広島市久地小学校「心の参観日」授業と講話
29日（金）	安芸高田市来原小学校校内研修
12月8日（日）	第1回攻めの学校経営ゼミナール（三原市本郷町）
1月9日（木）	女学院大学講義
23日（木）	広島市志屋小学校「心の参観日」講話
26日（日）	江田島市江田島小学校ＰＴＡ講演会
29日（水）	船佐小学校校内研修
2月6日（木）	広島市東野小学校「心の参観日」講話
19日（水）	安芸高田市甲立小学校校内研修
平成26年度	
5月11日（日）	第2回攻めの学校経営ゼミナール（三原市民会館）

22日（木）	広島市梅林小学校校内研修（理科）
6月6日（金）	安芸高田市甲立小学校校内研修
14日（土）	広島市江波中学校区青少年育成後援会（江波中）
15日（日）	安芸太田町戸河内小学校ＰＴＡ講演会
19日（木）	熊野町青少年育成講演会
21日（土）	府中町男女共同参画講演会「子どもを育むということ」
22日（日）	府中中央小学校子どもたちに講話（蜂の巣校舎解体記念）
29日（日）	広島市久地南小学校「心の参観日」講演
30日（月）	三次市田幸小学校ＰＴＡ講演会
7月13日（日）	第4回攻めの学校経営ゼミナール
15日（火）	府中東小学校ＰＴＡ講話
22日（火）	府中町新採用教員研修会　講話
23日（水）	広島市立幼稚園研修会　講演
24日（木）	広島市梅林小学校校内研修
25日（金）	広島大学附属東雲小学校校内研修
8月12日（火）	三原市沼田東小学校校内研修
21日（木）	広島市久地南小学校校内研修

9月5日（金）	広島大学附属東雲小学校教育実習生　講話
18日（木）	府中東小学校校内研修
21日（日）	攻めの学校経営ゼミナール（三原福祉会館）講演「教師のしごと」
10月1日（水）	三原市沼田東小学校公開研究会
4日（土）	府中町防犯大会　講話
15日（水）	三次市田幸小学校校内研修
25日（土）	広島大学附属東雲小学校ＰＴＡ講演会
11月1日（土）	広島市安芸区青少年健全育成大会　講演
12日（水）	府中中学校区道徳研究会　児童生徒シンポジウムコーディネーター
14日（金）	安芸高田市美土里小学校ＰＴＡ講演会（夜）
20日（木）	尾道市西藤小学校公開研究会　講演
25日（火）	府中町北部民生委員児童委員「奏」講演会
12月4日（木）	三原小学校ＰＴＡ講演会
1月8日（木）	広島女学院大学講話
13日（火）	来原小学校校内研修
14日（水）	呉市倉橋学園ＰＴＡ講演会
17日（土）	「攻め学セミナー」

21日（水）	安芸高田市船佐小学校校内研修
22日（木）	三次市川西小学校ＰＴＡ講演会
30日（金）	世羅東小学校ＰＴＡ講演会
2月6日（金）	安芸郡小学校長会　講演
12日（木）	三次市田幸小学校校内研修
13日（金）	江波中学校　講演
14日（土）	東広島市三津小学校ＰＴＡ講演会
21日（土）	廿日市市平良小学校ＰＴＡ講演会
25日（水）	安芸高田市甲立小学校校内研修
3月3日（火）	府中町初任者研修
5日（木）	広島県教育委員会　生涯学習講演会「放課後子ども教室」
6日（金）	府中小学校校内研修
平成27年度	
5月19日（火）	府中公民館子育て講座
22日（金）	広島市梅林小学校「心の参観日」
26日（火）	広島市洋光幼稚園ＰＴＡ講演会
30日（土）	子育て講演会（府中町くすのきプラザ）「志をもって生きる」

6月4日（木）　福山市広瀬小学校校内研修
9日（火）　府中北小学校校内研修
（6月10日　病に倒れ入院生活が始まる）
（9月より一時帰宅しながら講演活動を再開する）
9月2日（水）　広島大学附属東雲小学校教育実習生　講話
9日（水）　福山市広瀬小・中学校　講演
12日（土）　安芸高田市向原小学校ＰＴＡ講演会
18日（金）　三次市田幸小学校公開研究会　講演
10月30日（金）　広島女学院大学講義
31日（土）　広島市洋光幼稚園ＰＴＡ講演会
11月4日（水）　三原市本郷小学校ＰＴＡ講演会「子どもと生きるということ」
11日（水）　府中中学校区研究会　シンポジウムコーディネーター
14日（土）　広島市親和幼稚園ＰＴＡ講演会「子どもを育む」
17日（火）　広島市彩が丘小学校「心の参観日」
18日（水）　安芸高田市美土里小学校校内研修
24日（火）　大竹市大竹小学校ＰＴＡ講演会

12月2日（水）	安芸高田市船佐小学校校内研修
	合計　855回

講演・講師の記録について

夫は校長に就任した平成6年度から記録を書き残しておりました。校長在職10年間、定年退職後12年間計22年間で、855回の講演・講師を務めました。これも皆様の温かいご支援のおかげと心より感謝申し上げます。

藤原秀子

五、故人を偲んで――『しんじゅがい』を読んで

「しんじゅがい」を読んで

村上　昭造

1．育てる教育

「しんじゅがい」で述べられている「自分を育てる」「自ら伸びる」「根っこを育てる」等ということ、さらには「学校は子供が育つ土壌」という捉え方や「模範、模倣」の教育原理などが、子供の成長に果たす役割の大きいことの指摘は、「教える」ことだけでなく、『育てる』ということに視点をおいた教育論であると考えられます。

「育てる教育」は、近年、目立ってきた合理主義、効率主義、結果主義に重点をおく教育と異なり、子どもと教師との人格的な触れ会いに大きな教育的効果を期待する教育論であり、初等教育においては、特に重要視されてきた教育論です。「育てる教育」は、昔日の面目を失った感もありますが、教育界の現状からは、その重要性を再認識すべきであると考えられます。

藤原先生は、「育てる教育」を実践されるために、自らも人間としてあるべき生き方の実践に努められていたことが、この本からも読み取れます。

2．自らの実践に基づく教育論

この本に述べられている教育論は、先生自らの教育実践に基づいており、解りやすく説得力がありました。講演会の講師要請が、ご入院中にまで及んだこともなるほど…と思いました。そして、次の事柄が特に心に残りました。

①「教育は親による家庭教育が基盤である」、「学校は子どもが育つ土壌である」この二つのことは、近年忘れられたかに見える初等教育の基本的基盤であり、その重要性が的確に示されています。

②評言（評価する活動）は、子どもの学習についてはもちろん、その他の言動についても、子どもは、教師の適切な評言によって、初めて自分の発言や行動の意味や価値を正しく認識できることを明確にしておられます。

③「心の主になりなされ、心を主にするなかれ」という言葉や、「私は人生の先輩として、今は苦しくても将来必ずプラスになると思うから、公開研究会を開催します」などという発言には、校長として望ましい教職員を育てる高い志と、そのことを実行される強いお気持ちが読み取れます。

3．笑って死ねる人生

昨年夏の私たちの研修会では、藤原先生はご病気で入院中にも関わらず、病院から駆け付けて、例年のように格別のご尽力をして下さいました。今にして思うと、お命を削ってのご協力・ご活動でありました。

「遺講」を読ませていただいて、忘れがたいお言葉にも出会いました。

・「一生を終えてこの世に残せるものは、生涯をかけて集めたものではなく、生涯をかけて与えたものである」

・「泣いて生まれた私だけれど、死ぬときはよい人生だったと笑っていたい。そんな人生ドラマをつくりたい」

そして、この二つのお言葉は、藤原先生が自らの座右の銘として、みごとなまでに実践しておられた。そんなご生涯であったのであろうということでした。

「教育を語る会」の私たちは、先生が会員そして会長としてご参加下さったお蔭で、その「笑って死ねる人生」の一端に、直接触れさせていただくことになりました。改めて、御縁を頂いたことを感謝申し上げております。

ほんとうにいろいろと有難うございました。

教育に一生を傾けた藤原先生へ

松田　岑夫

「しんじゅがい」の本を送って下さり改めて藤原先生との想い出を懐かしんでいます。藤原先生は多彩な才能と人間味溢れる優しさを持ち、出会った人を和ませる不思議な力を備えています。更に巧みな話術で場の雰囲気をなごやかにします。

昭和五十九年、藤原先生と出会いました。

筑波の中央研修受講の時、偶然ですが、風呂場で藤原先生が優しい声をかけて下さいました。その後もお付き合いを続けていただき、交流を深めました。その中で特に印象に残っている思い出を述べます。

東雲附属小学校勤務の時ですが、「オホーツク海に流氷が来るでしょう。一度流氷を見てみたい」と切望しましたので、その冬の二月頃、オホーツク海、紋別に流氷が接岸した事を確かめ、仲間に頼んで少々の塊の流氷を送ってあげました。藤原先生は大層喜ばれ弾んだ声で「子供達に触れさせ、ある子はなめる子もいたよ」と伝えてくれました。

あの時の声が忘れられません。理科に深い知識を持ち、自然の神秘の魅力に感動してくださった事に感銘を受けました。

北海道からの贈り物として想い出に残る流氷の塊でした。

藤原先生との想い出は数多くありますが、より親交を深めたのは平成十六年四月、府中中央小の校長先生を最後に退職された時、遠く離れた北海道まで手紙を送ってくださいました。その封筒には、『退職の挨拶状、最後のはなむけの新聞記事、そして感謝を述べられた手紙』が入っていました。

藤原先生は忙しい人なのに、なんと心を込めて接してくださる方かと改めて、そのあたたかさに感動しました。

手紙の文

『広島の桜はすっかり新緑の葉桜に変身していますが、北海道の桜は今頃が花見時でしょうか。挨拶が遅れましたが三月に定年退職をしました。長い間、支えていただき厚くお礼申しあげます。

体調をこわして手術し、もう続けられないかと思いましたが自分には北海道の方の人たちまで応援してもらえる仲間があるのだということが、どれだけ励みと自信になったことかそれがなければ最後まで勤められなかったのではないかと思います。心から感謝します。

四月からは、いろいろ仕事を勧められましたが、すべてお断わりして自由に暮しております。』

（中略）

『人を大切にすること』。藤原先生から学びました。

藤原先生を思い「しんじゅがい」の本を読みました。

一言一句を見落とすことなく読んでいくと、いつもの藤原先生の笑顔と優しい声が存在するような錯覚に落ち入ります。

どの題の項目も内容も「教育のバイブル」に通じるものだと感じました。文章をあたたかく優しく書いて下さり、誰が読まれても理解出来るすばらしい本です。

藤原先生とは、本を通して心と心のつながりをより太くして、大切に受け留めていきます。

「しんじゅがい」の本は、私だけ読んで終わるのは、もったいないので他の方々にも紹介しています。

「ほたるぶくろの会」（若い先生方の集まり）を開く度に、「しんじゅがい」の本の読み合わせをして勉強会を重ねています。

五十六頁の『教職に就くということ』では、教員採用試験二度目の挑戦の先生は、申し込み用紙にこの問題と類似した質問に、「子供が好きだから…」「学校が大好きです…」と在り来りの事を書きました。

この本を読んで「人間性」「職業性」と「技能」が教師になる必要条件である事を知りました。この本を早く読んでいたら、考え方も変わり、質問に応じた答えが書けたと思います。

この会に参加された先生方は話し合いから学んだことを、学級での指導、自分自身の教師の心構えに役立てています。

この前、80歳の『傘寿の会』があり、網走に住んでいる女性の方に『しんじゅがい』の本を進呈しました。早速その女性の方からお手紙をいただきました。

『もっと前に、この本と出会っていたら、色々なことを教えてもらったのに……残念です。特に言葉として教えてもらったのは、七十四頁の「自分を育てる」です。

自分を育てるのは自分です。

一度しかない、そして一つしかない命を何にかけるか。自分でみつけて一生かけてその仕事を作ることです。

八十才にして、しんじゅがいの本を読んで勉強しました。有りがとう』

藤原先生から色々な教えを受けました。

職場で悩み続け、一つの問題を解決出来ず、苦しんでいる時、「そうだ!! 広島に適切な助言を与えてくれる藤原先生がいるんだ!!」と心を広く持って、藤原先生と連絡をとり、問題解決に当たった事があります。

私という弱い人間にも最後まで接していただき信頼して下さった事に深く深く感謝します。

藤原先生に出会ったこと、そして学ばせてもらったことを心からお礼を言います。有りがとうございました。

中学生時代の思い出

住山　恭子

藤原凡人さんの訃報に接し、涙を抑えることができません。心よりご冥福をお祈り申しあげます。

藤原凡人さんは、昭和三一年（一九五六年）三次市立十日市中学校に入学され、教職に就いて二年目を迎えたばかりの私とのご縁がつながりました。学級担任になり、国語科指導担当教員となった私は、藤原さんが同じ教職の道を歩まれたこともあって、中学生時代から今日（二〇一六年）まで親交が続きました。

十日市中学校は、十日市小学校・八次小学校・酒河小学校の卒業生を迎える県北一の大規模中学校で、当時は一三〇〇名程度の生徒を擁していて、藤原凡人さんは、いちばん通学距離の遠い酒河の船所地区から自転車で通っておられました。猛吹雪の日には、いつも身体に雪をいっぱい被って、船所地区の生徒を引率して学校に到着され、一人ひとりの雪を手で払ってやり、励ましの言葉をかけたり、学習準備を促したりしておられたのを忘れることができません。やさしい心づかいをする、「声かけ」を大切にする人でした。

また、当時は、明るくいきいきした学校でしたから「文化祭」やスポーツの「クラスマッチ」

「教室美化運動――廊下みがき――」「クラブ活動」など盛んでしたが、クラスの士気を鼓舞して、書画の力作や出し物の工夫を促し、よい成績をあげさせて静かに微笑んでおられたのも忘れられません。豊かな発想のリーダー、スケールの大きいリーダーでした。

藤原凡人さんは、同学年三〇〇名余り（五学級編成）の生徒の中でも突出した存在でした。大規模中学校なので多様な進路が考えられて、進路指導の目安を得るために「全生徒の学力成績順位」がつけられ、「学力向上をめざして猛勉強をする風潮」がありました。その中で、地道に努力を重ねられて、自分を鍛え、磨かれて、全教科で、いつも優秀な成績をおさめておられました。卒業に関する職員会議において「教育課程が優秀であった」と認定され、とても栄誉なことでした。いつも几帳面に、きれいな文字で、一生県命に努力されていた姿を忘れることができません。「自ら伸びていく」ことを信念にして努力する人でした。

進学は、本人の希望通りに「県立三次高等学校普通科」に合格、決定。保護者会にいつも出席され、着実な支援をされたお母さまの喜びの笑顔も忘れることができません。

私は、初めての「中学校三か年間の持ち上がりの教育実践」なので、精一杯尽しましたが、未熟でした。けれども、この学年の生徒たちは「私の宝物」と、今も思っております。

「師道」の先達、藤原凡人さんの御霊安らかにいまさんことを。

藤原凡人君との想い出

溝田　武人

藤原凡人著：〝しんじゅがい〟を読みました。私にとっては睡眠時間6時間を挟んで、実質5時間の映画を見ている至福の時間でした。なかなかこんな本には出合えないものです。

この本は、彼が人生で行って来た実践記録ですが、いたるところこれは至宝で満ちています。一例ですが、家庭的にあまり恵まれなくて乱暴な行動をする男の子を抱きしめるシーン（9　愛情を伝える、p.110）がありますよね。ここなんかはこの映画のクライマックスです。何度読んでも涙ぐんで来ます。藤原君の生涯はそのまま教育・学校・家庭に関する珠玉の映画になると信じます。そのために、この本を有能なシナリオライターか映画監督に読ませたいのです。そうすれば、想像力を喚起されて、何篇かの映画のためのシナリオを描いてくれるに違いありません。私もそのための努力を惜しみません。

藤原君との縁で記憶に残る面白い話を想い出してみます。

私は三次市立川地小学校、藤原君は三次市立酒河小学校の卒業です。私の父は酒河小学校の分校である青河小学校の教員で、藤原君のご実家にも度々お邪魔して、なにかとお世話になっていたようです。

川地小学校の卒業式の際に私は卒業生として答辞を読みました。多分、川地小学校の先生方は私の父が教員なので答辞の草稿は父親が書いてくれるものとして私を選んだに違いありません。卒業式が近づいた頃でしょうか、原稿を読む練習をしていた時に、最後に自分の名前を読み上げる所が、「藤原凡人」から「溝田武人」に書き直してあることに気が付きました。父は酒河小学校の教頭もやっていたので、藤原君の卒業式の答辞の原稿も書いたのだと思います。これが息子の答辞にも使えることが分かったので答辞の使い回しをしたのかも知れません。そんな訳で藤原君と私は同じ答辞を読む縁になったということです。

その小学校時代から中学生になる頃は、そろばん塾に通うことが流行っていました。私も5年生頃からか、三次市の本通りの森書店の綺麗な娘さん先生が主催しているそろばん塾へ日曜日の午前中毎に通っていました。私はあまり学習曲線が芳しくない塾生でした。多分中学1年の春の頃のことだと思いますが、上級者が習う午後の部に潜り込んで様子を観ることにしました。森先生は大勢の生徒を前にしてこちら向きに座っておられましたが、その隣に先生と並んでこちら向きに座っていたのが藤原君でした。その頃の藤原君は、なにしろ森書店のそろばん塾のスーパースターで話をしたこともありませんが、とても私と同級生には見えず、すでに老成した雰囲気でした。1級をはるかに越して有段者だったのです。藤原君の奥さんは彼が教師になってから、生徒の試験の採点で部分点などを集計する際にすべて暗算で行っていて、それが猛烈に速かったと述べています。ちなみに、私は3級の試験の伝票計算で10点足らず、4級のままでそろばんの修業は諦めてしまいました。

三次高校では1年と3年で同じクラスになりました。その頃の彼はいつも温和で真剣な大人の雰囲気でしたが、茶目っ気も十分に持ち合わせていて、いわゆる安心感のある仲間でした。文系科目には元々強かったそうで、中学時代の国語の成績はオール10の評価を得ていたそうです。教師になってから日本理科教育学会で発表したりしていますから、文系・理系に関わらずオールラウンドな興味を持っていたようです。体格はズングリしていましたが、滅法足が速く、バネがあって特に走り幅跳びなどの跳躍種目を得意としていました。通学には往復8㎞の船所から十日市中学までの砂利道+凸凹道を自転車で通って、養われた運動能力でした。私達はSL列車が走る芸備線で三次駅で降りて三次高校まで徒歩で通学していましたが、その途中で彼ら自転車組に追い越されます。彼が自転車に乗るその姿勢は非常に安定していました。

3年生では共に奥田邦明先生の陶冶を受けました。今でも付き合いが続くこの時のクラスで先の読めない青春時代をそれでも共に楽しんでいたように思います。

高校卒業後すぐに彼は広島大学教育学部に現役で入って、東雲寮に住んでいました。私は予備校の英数学館に入って東雲寮の近くにあった予備校の寮に8月半ばまで過ごしていたので、何度か藤原君の寮の部屋にお邪魔しました。やはり大学生の自由な雰囲気は羨ましく思ったものです。

その後は、それぞれの人生を夢中で過ごしていたので、55歳過ぎまで交流はまったくなかったのです。還暦の頃、奥田学級のクラス会が復活して2、3年毎に会うことになりました。教育界の大変なストレスからか内臓を痛めていることをしばしば吐露してくれました。しかし講演等には良く呼ばれているとか、忙しいけれどゴルフもやっていると話していました。そこでネットにアップしてある彼の講演を聴いたり読んだりしてみると、非常に優れていて面白いと感じました。これは本にすべきだと思ったので、すぐにそのことを進言しました。

70歳に近くなって、二人で夢を話し合いました。それは、私の勤めている職場が持っている湯布院研修所というのがあって、安く滞在できる。私が70歳になって定年退職したら、そこに二人で1週間位泊まろう、という計画でした。午前中は頑張ってお互い執筆活動をして、午後からは二人でゴルフをして、温泉に入って、夜は飲むという夢です。世界の何処の名勝地に行くより楽しいに違いない、と話すと藤原君は大賛成してくれて、大いに元気が出た様子でした。そうすれば、10年来書く書くといっていた藤原君のライフワークも進むに違いないと思ったのです。

残念ながらそれは実現しなかったのですが、2015（平成27）年の夏、入院しているというので、仲間と一緒に広島の〝はしもと内科〟にお見舞いに行きました。その時に、もう8割近く書いている、ということを聴いて安心しました。その後も〝しんじゅがい〟の完成に向けて奥様とともども頑張られた結果、見事な作品へと結実しました。おめでとうございます。

この本を読んだ印象から次の2点を強調しておきます。

(1)　この本は、教育者、およびそれを目指す人のみならず誰にとっても貴重な人生のバイブルになるに違いないと思います。

(2)　〝しんじゅがい〟に育てられた〝しんじゅ〟達からの自己分析（このような教育者の薫陶を受けて）を出版すれば一対の教育読本が出来上がりそうです。

２０１６年10月10日に自家用車で船所のご実家の近くを通る機会がありました。もしやと思い奥様にお電話をしました。運の良いことに、奥様はその日藤原君のご実家におられ、お昼時でしたので、美味しい栗ご飯をごちそうになりました。そして、藤原君の〝しんじゅがい〟や〝書道・水彩画遺作集〟に載せた数々の書画や叙勲の記念品などを旧家に展示した記念館の準備がほぼ終わった所でした。私が第1号の訪問者だったようです。そのいわゆる古民家然としたお家の応接間に入った時、私の父もこの部屋に60年前に来ていたに違いないと確信しました。私を藤原君が導いてくれたように思います。

〝しんじゅがい〟を読んで感銘を受けた人が、藤原君の謦咳に接しようとこの記念館に訪れてくれたら、さぞかし彼も喜んで呉れることでしょう。「藤原凡人君は死して〝しんじゅがい〟を残した」と感じます。藤原君ありがとう。そのうちに私も会いに行くから待っていて下さい。

追伸・現在私も色々な大学の教育学部の図書館や先生方にこの本を可能であれば学生達の副読本にしてはいかがでしょうかと紹介しています。

三次高校奥田学級昭和37年卒業同級生
福岡工業大学名誉教授

「真《しん》の珠《たま》」を宿した人

丸子　英明

あれは20数年前の、桜の蕾が少しほころびかける3月末のことでした。当時安芸郡熊野町の小学校に勤めていた私は、教頭先生に連れられて、4月から勤務する府中町立府中小学校に、新任教頭赴任のご挨拶にお伺いしました。

「あ、丸子教頭先生ですか。私が校長の藤原です。」と校長室に入るや否や、実に柔和な笑顔で温かく迎えていただいたことが、今でも鮮明に思い出されます。それは、今まで全く面識のない新任校長と新任教頭の「偶然」の出会いでしたが、その結びつきが、私にとって「必然」に変るまで、そう長い時間はかかりませんでした。

それから6年間、当時でも珍しい同一校長、教頭コンビ「凡・丸」号の船路でした。この間、大波小波、実に様々なことがありました。若い青年教師の突然の病死、毎年開催する研究会に関わっての教職員へのサポート、毎年のように続いた校舎の大規模改修、当時まだ珍しかった学級崩壊、不登校児童に配慮して行われた2回の卒業式、手術に8時間も要した校長先生の大病等々。

確かに、「日々これ戦なり」という厳しい学校でしたが、校長先生の庇護の下に、思い切って様々な取り組みが出来たよき時代でもあったと、今振り返ると懐かしい思い出でもあります。その後の私の教職員生活の素地が、この間に全て養われたといっても過言ではありません。

校長先生が亡くなられた後、しばらくして奥様から丁重なるお手紙と共に遺作本の『しんじゅがい』が送られてきました。ずっしりとした重量感、その内容、また、手書きの書と絵の入った装丁に、ただ感心するばかりでした。病床の中でこれをまとめるのは、それは大変な作業だったのではないでしょうか。

タイトルの『しんじゅがい』のネーミングですが、その理由を「若い頃から、『アコヤガイ』に、心惹かれるものがありました。暗い海底の泥の中に質素な姿で生きていて、自らの体内に、美しい真珠を蓄えながら静かにくらすアコヤガイに人間としての美しい生き方が重なるように思えたからです。」と書かれておられますが、まさにそれは校長先生の生き方そのものであり、表題に相応しい言葉だなと感じ入りました。

道元禅師の『正法眼蔵随聞記』の中に、

「玉は琢磨によりて器となる。人は練磨によりて仁《ひと》となる。いづれの玉か初めより光有る。誰人は初心より利なる。必ずみがくべし、すべからく練るべし。」

（玉は磨かれて初めて器となり、人は練磨して初めて真の人となる。初めから光のある玉もなければ、初めから優れたはたらきのある人もあるわけではない。必ず切磋せよ。）という一節があります。

いつも校長先生が言われていた「自ら伸びる」と同じ意味ですが、自らをしっかりと磨き続けて、最後に「真《しん》」の「珠《たま》」を体内に宿した人だなと改めて感じます。それにしても、これだけのものを世に送りだすことが出来たのは、内助の功としての奥様の力も大きかったものと思われます。

今後、藤原校長先生が一生賭けて宿した「真《しん》の珠《たま》」が連なり、輪になって、さらに教育の場に広がっていくことを願わずにはいられません。

「自分を育てる」

平田はつみ

藤原凡人先生の遺稿集「しんじゅがい」は、凡人先生に再会したようで胸がいっぱいになりました。教育に生涯を捧げた先生の渾身の人生観、教育観が貫かれていることに今更のように深い感慨を覚えました。

私が凡人先生と同じ学校に勤務したのは、幸運なことに二度ありました。一度目は、平成二年、安芸郡府中小学校へ教頭として着任されたときです。今思えば、笑い話のようですが、附属小学校から来るということで、教職員の間では些か構える雰囲気が漂っていました。

しかし、着任の挨拶を聴いた途端、これまでの教頭先生とは何か違うということと、もっと教頭先生のお話を聴きたいという不思議な思いが広がったのを鮮明に覚えています。私の周りの教師たちも同じように感じていました。それからは、職員朝会での教頭先生の話が本当に楽しみになりました。

「先生方、子どもたちはそれぞれの家庭から登校してきますが、さわやかな気持ちで登校してきた子どもばかりではありません。親からがみがみ叱られて登校してきた子どももいます。今日一日一人ひとりの子どもに先生のまなざしをしっかり注いでやってください。下校するときは、明日も元気で学校へ来たいという気持ちにしてやってください。」

などと、教育への思いをさりげなく語っていました。

凡人先生は、教頭として梅田健造校長先生をしっかり支え、教職員一人ひとりに温かいことばをかけながら、個に応じた指導を根気よくしていました。

特に研修に対する指導は、附属小学校で培われた揺るぎない自信にあふれていました。当時の教師たちには研究公開アレルギーみたいなものがあって、私もその一人でしたが、何度か職員会議が開かれました。そして遂には、二十数年ぶりに研究公開をしてからは、毎年の公開が当たり前の府中小学校へ変えてしまいました。

私は、まもなく府中東小学校へ転勤しましたが、教頭として府中小学校を大きく変革した凡人先生の力量にはさすがという思いを持ちました。

二度目の出会いは、私が教頭として勤務していた府中中央小学校へ、平成十三年、校長として来られたときでした。

二人教頭になるということで、私は少し不安があり、落ち着かない気分で新年度を迎えました。校長は凡人先生、教頭はよく知っている下宮照子先生とわかったときは、不謹慎ですが、ついラッキーと心の中で叫んでしまいました。

府中町内一のマンモス校でしたが、凡人先生は何と、四月一日には学校教育目標を「自ら伸びる」と変えて、冊子にした学校経営書を教職員に配付しました。

「そんなに簡単に学校教育目標というのは変えてよいものですか。」という質問があったように、着任早々の校長がそこまでするのかと怪訝に感じた教職員もいました。

凡人先生の学校経営書には、根っこが育つ土壌づくりとなる学校像が示され、そのための教職員としてのあるべき姿が具体的に書かれていました。中でも私は、「自分を育てる教師」「評言で子どもを育てる教師」「授業力と人間力のある教師」は自らの指針として大事にしました。

尊敬する校長先生の許、二人教頭の私たちは、日々やり甲斐を持って職務に励みました。記憶に残る取り組みとして、毎週月曜日には、わずかな時間をやりくりして、サンシャイン会議（三者イン会議）と呼んで、一週間の学校行事や、子どもたちのこと、教職員のこと、保護者・地域のことなどは勿論、広くは学校を巡る一般的な課題についても情報交換をしました。よいことも悪いことも含め、管理職として日々の情報を共有することは重要でした。後に教務主任の坂本純一先生が、学級担任を離れたころからは、よっしゃあ会議（四者会議、純一先生の口癖が〝よっしゃあ〟だったこともあり）になりました。

本来は学校長が発信する学校だよりですが、凡人先生が三人で交替にということで、「ぶんぶん」（府中中央小学校の校舎は蜂の巣の形をしていたので、蜂が「ぶんぶん」と新聞の「聞聞」から）を三カ月に一度作成しました。教頭にも学校経営者としての広い視野を持たせたいという凡人先生の校長心だったと思います。

また、保護者・地域の方々を対象に、「学校懇談会」を毎月一回開きました。どんな話題にするかは三人で相談しました。当時定着していた朝の読み聞かせに毎週学校へ来てくださる「ＳＷＥＥＴ」のメンバーの方々を始め、凡人先生にはファンが多かったので、学校懇談会は大変好評でした。学校の取り組みや家庭教育の在り方を理解していただくためにはとても有効な場であったと思います。

そして、「自ら伸びる」教師になるための自主的な取り組みとして、土曜日の午後、土曜ミニ研修、通称「土ミニ研」を開きました。平素の授業の中でどう指導してよいか困っていることを中心に、子どもの絵をどうみるか、国語の説明文の授業の進め方など、お互いの意見を出し合って勉強しました。授業とは離れていましたが、三好達治の詩を参加者で鑑賞しあったことは、今でも懐かしく思い出されます。土曜日の午後でしたから他校の教師も参加することもありました。

それから初めて全校の俳句指導を始めたのも、この年でした。府中東小学校の二年生を担任していたとき、俳句を教えてみたら子どもたちが夢中になったことがあり、いつか時間ができたら俳句を子どもたちに教えたいと心の隅で思っていたのです。二人教頭という恵まれた今だからできるかもしれないと凡人先生に相談したら、二つ返事で、

「いいですね、全校で是非やってください。僕は全面的に応援します。下宮先生も同じ気持ちです。」

と、背中を押してくれました。あの一言がなかったら、廿日市市の宮園小学校でも、東広島市の平

岩小学校でも、大分県杵築市の大内小学校でも俳句指導は叶わなかったかもしれません。

わずか一年間でしたが、凡人先生の学校経営のお手伝いができました。翌年、私は宮園小学校へ校長として赴任しました。凡人先生から学んだ教育の財産と、学校で作ってもらった投句箱を抱いて宮園小学校へ意気揚々と向かうことができました。二年目には、学校教育目標を「自分を育てる」に変えました。十年以上経った今も変わっていないのが何だか嬉しい限りです。

やがて平成十九年三月、私は早期退職をして教育現場を離れ、広島県を離れてふるさとの大分県に帰りました。思えば、凡人先生との出会いは、教師として未熟だった私へ教育の神様が贈りものをしてくださったような気がします。

杵築に暮らして、もうすぐ十年ですが、毎年一度は平岩小学校に俳句の指導に出かけ、大内公民館で俳句クラブを開き、杵築市読書連絡協議会の五つの講座の講師をさせていただいています。ずっとずっと今も変わらず私の内に息づいているのは「自分を育てる」です。

秋澄めり自分育ての日を重ね　　はつみ

藤原凡人先生、安らかに

後藤ひとみ

十三年前、藤原凡人校長先生が六十才をお迎えになる年、府中中央小学校に私は初任の教頭として赴任致しました。

児童数一千四百五十名、教職員数六十名という県下二番目の大規模校で、毎日のようにいろいろなことが起き、走り回っていましたが、藤原先生はいつも慈愛に満ちた眼差しで包み、育ててくださいました。

短い間に多くの方と出会わせてくださり、また、含蓄のある言葉をたくさん頂き、物事の解釈も教えてくださいました。なかなかおっしゃるようにはできませんでしたが。

十三年が経ち、今、自分が同じ六十才。府中町に校長として戻ってきて四年目、現職最後の最後に藤原先生のご葬儀に係わらせて頂いたのも、巡り合わせだと思っています。

藤原先生は、多くの先生方や町の人に慕われ、万全と言えない体調の中、最後まで教育一筋に命を燃やされました。

昨年の春には、国から瑞宝双光章を受与されるとの報に大変喜ばれ、「体調を考えると東京には行きたくないのだけれど、授賞式に連れて行くことで今までよくしてくれた妻を喜ばせることができる。」と、ご家族の皆様のご協力で出席されました。車椅子で体を休ませながら無事に帰ってこられました。

そして、関係者で叙勲の祝賀会を準備している最中に倒れられました。

開催がかなわなかった祝賀会ですが、打ち合わせをしている時には「しばらく会っていない古い友人にも会える、恩師にも、この人にも、会うのが楽しみだ。」と本当にうれしそうにおっしゃっておられました。

藤原先生、お通夜に約五百人、本葬に約三百人が来てくださったんですよ。懐かしい方々に久しぶりにお会いできて、きっと喜んでくださいましたよね。

お通夜の前に奥様の計らいでお顔を拝見することができました。「本当に有り難うございました。」と言って私が泣くと、奥様が「悲しまないでください。私は、藤原は大病をした後、よくここまでがんばって生きたと思うんですよ。」と慰めてくださいました。私は勝手に、藤原先生は頼りない私のことも心配で、退職する最後ぎりぎりまで見守ってくださったのだと感謝し、ご縁の不思議を思うのです。

教頭の時、お腹が痛むとおっしゃったので、「横になってください。」と言うと、「僕はやせ我慢の美学なんだ。人生が終わり、自分で棺の蓋を閉める時、「ああ、やせ我慢してよかった。」っていうんだ。」とおっしゃっておられましたね。ご自身の美学を貫き通された先生でした。

折々におっしゃってくださった言葉が、今、大切な宝物です。時々、奥様とお会いして、藤原先生の思い出を話したりお伺いしたりするのが、穏やかで癒やされる時間になっています。

藤原凡人先生、どうか安らかにお眠りください。

藤原先生　ありがとうございました

はしもと内科　院長　橋本　義政

順番待ちのカルテに〝藤原凡人〟というお名前の方が来られました。〝藤原先生？　いや、まさか？〟と思って待合を覗くと確かに藤原先生でした。驚いたと同時に〝ご近所にも病院があるはずなのに、わざわざ来て下さった〟と嬉しく思いました。診察室に入って頂き昔話で楽しいひと時を過ごし〝先生、今日はどうなさったんですか？〟とお伺いすると〝いやね、しばらく前から足が腫れるんですよ〟。その日から、先生のお亡くなりになる日まで主治医を務めさせて頂きました。

主治医を務めさせて頂くのは嬉しいという気持ちと、つらいという気持ちが常に入り混じったものでした。改善が難しい病状の中で医師として何ができるのか、教え子として何ができるのか、自分が診させて頂く事が良い事なのか。治療内容としては間違っていないと思いながらも、他の患者様に抱くのと同じ気持ちではありませんでした。生前に私の母が〝あなたが今日あるのは藤原先生のおかげなんよ〟と何度も言っていたのがいつも思い出され、自分が医師として、そして教え子である人間として先生にどう関わらせて頂くかが日々の課題でした。それまで医師として少し慢心していた自分を、改めて考え直す様に先生に教えて頂く授業時間でもあった様に思います。

また、私のみならず当院スタッフの教師でもあって下さいました。

先日、患者さんの笑顔を引き出してくれた職員に、どの様にして笑顔を引き出したのかと聞くと〝入院していると一人で考える様になって暗くなったり怒りっぽくなったりしますからね。なので患者さんに何でも良いから話してもらって笑ってもらう様にしとるんですよ。藤原先生に〈怒る事は一人で出来ても、笑う事は一人では出来ないんだよ〉と教わったんですよ〟と聞き、涙が出そうになった事がありました。

病状が変化し体が思う様に動かせない時もあり不安や苛立ちもある中にも関わらず、常に私どもが育つ事が出来る様に声をかけて下さったのが思い出されます。

現在、当院の待合にも奥様から頂いた〝しんじゅがい〟を置かせて頂いております。読んで頂いた患者さんから〝先生、良い事をされたんですね〟と声をかけて頂くと嬉しく思います。しかしながら先生をお看取りさせて頂き、その後も他の患者さんに関わらせて頂いている中で〝自分が十分に育った〟とは、まだ先生に報告できません。先生にお会いに行く時に〝橋本君、自分自身を育てて、そして周りの人も育てたね〟と言って頂ける様に頑張れればと思い日々を過ごしております。

最後になりますが、このたび寄稿させて頂く機会を与えて頂き誠にありがとうございました。藤原先生の主治医を担当させて頂く中で、奥様をはじめ御家族様ともお話をさせて頂き、先生をお看

取りさせて頂いた後も私どもの事を気にかけて頂き感謝の言葉しかございません。御家族の皆様の
御健康と御多幸をお祈り申し上げます。

義父の思い出

藤原亜紀子

目を細めて優しく笑っている。それが私が思い出す父の姿です。会うといつもその笑顔で気遣ってくれ、私たち家族が元気で幸せに暮らしていることが、一番嬉しく幸せに思っていると伝えてくれました。私は、藤原家に嫁いで十一年ほどですが、ずっと変わらずに最期まで気遣ってくれました。

「子育てでしんどい時は、うちに来てゆっくり休んだらいいから」「私はあなたのことを本当の娘だと思っているのだから、うちに来た時は、何の気兼ねもしなくていい」など、いつも温かい言葉をかけてくれました。福岡から嫁いだ私には、本当に有難く救われる思いでした。実家から離れた場所で子育てをしている私にとって、父に会いに行くことは、心をほっと落ち着かせ、エネルギーを補充出来る場所へ行く事であったように思います。

父は、視力が低下していく中でも、孫の誕生日、私たち夫婦の誕生日、結婚記念日などには、必ずその日の朝にメールを届けてくれました。メールの最後にはいつも、「健康あっての幸せです。身体に気をつけて」と私たちを気遣う言葉が添えてありました。入院中は、孫の名前を呼び、一人ずつ抱きしめ、言葉をかけてくれました。嬉しそうな父の顔と、照れながらはにかむ我が子の顔が思い出されます。

いつも温かく接してくれた父に感謝の気持ちでいっぱいです。父が遺してくれたことばや優しさは、私たち家族の中で生き続けています。

「生きていても死んでいるような人間もいれば、死んでも生きている人間もいる」と、父が言っていたように。

父から届いたメール

From 藤原凡人
Re: 誕生日おめでとう
2011/10/09 10:45:46

ありがとう！

お父さんも、直樹と由利子の男女二人のよい子に恵まれ、またそれぞれに亜紀子さん直純さんと素晴らしい伴侶にめぐまれてて幸せな人生を送らせてもらうことができて嬉しいよ。孫もみな健やかに育っているし、今が一番よいときだと思っているよ。

ところで、「いのちのまつり」という絵本を知っていますか？自分が人間に生まれ、今生きていることの意味を考えさせてくれる内容ですが、中学生の道徳にも活用できると思うよ。

直樹は責任感・使命感が強いし、情感も豊かだから神経も使うし心配ごとも多いと思いますが、人間として生きていく上でだいじにしたいもの、確かな価値観を持って堂々と生きてほしいと思います。健康安全に気をつけて。☺

誕生祝いのお礼

From 藤原凡人
ありがとう
2013/10/31 19:41:05

湯村の心地よい湯に、つかっておいしい夕食を味わっているところです。

人生70年、古稀を迎えたよろこびと、四人の温かい心くばりに幸せを噛みしめながら今宵は極楽気分です。

直純さん亜紀子さんには、よい出会いの縁をいただいたことに心よりお礼を言います。

本当にありがとう♥。

これから何年お世話になるかわかりませんが、よろしく頼みます。

5人の孫たちは老夫婦にとって生き甲斐です。

健やかに育つことを願っています。

何はともあれ元気が一番、体調管理気をつけてください。

湯村より感謝を込めて。

爺ちゃん婆ちゃんより。♥♥♥

古稀の祝いのお礼

大好きなじいじへ
じいじ私は三年生になったよ。
今は、12月のピアノの発表会に出るので、
「ハイホー」の曲をがんばって練習しています。
じいじは音楽が好きで車に乗った時は、
「夕やけこやけ」や「アイアイ」の曲をか
けてくれていっしょに歌ったね。
私はじいじといっしょにおふろに入って、
花や動物の話を聞くのが好きでした。
花には、水を毎日やらないといけないし、
水をやりすぎてもかれてしまうことを

教えてくれました。

むかし、じいじの家でかっていたねこのアイちゃんがソファーをつめでガリガリして新しいのを買った話もおもしろかったよ。

じいじは私が本読みをすると、「じょうずだね。もっと聞かせてほしいな。」といつもほめてくれたよね。

てつぼうのさか上がりができるようになった時も、「がんばって練習してえらかったね。」と、頭をいっぱいなでてくれたね。

じいじは自分の仕事もあるのに、先に私の好きなびょう院ごっこの相手をしてくれました。たくさん遊んで楽しかったな。じいじの部屋に行ったら、ひざにのせて絵をかかせてくれました。紙の白い所がないように色をぬったりはみださないように、「ここは、こうやったらいいよ。」と、笑ってやさしく教えてくれました。私ね、夏休みにかいた、かんきょうポスターがしょうにえらばれてしょうじょうをもらったよ。じいじにも見せたいな。

じいじは、ねる時、よくこぶとりじいさんの話をしてくれたね。私が「もう一回して。」と言ったら何回も何回もねるまで話してくれたね。
じいじはいつもやさしくてあいじょうがある人だと思います。もっともっといっしょにいたかったです。そして今でもじいじのことが大好きです。今までどうもありがとう。

竹田 小雪

◎寄稿者の紹介

この度『しんじゅがい・続編』に寄稿してくださいました十人の方々を簡単に紹介させていただきます。

村上　昭造　様

「教育を語る会」元会長の村上先生は、広島県の教育界に大きな功績を残された方ですが『しんじゅがい』を高く評価してくださり夫のふる里三次の実家で『しんじゅがい』の感想を話し合う勉強会を開いてくださいました。私達家族もいっしょに参加させていただき会員の皆様から貴重なお話を伺うことができとてもうれしく思いました。

松田　岑夫　様

北海道出身の松田先生と出会ったのは夫が筑波での文部省中央研修を受講した折ですから四十歳の時でした。以来三十年余り広島と北海道をお互いに遠く離れておりましたが、最も信頼を寄せていた方だったと思います。昨年六月たった一人で北海道から飛行機に乗ってお参りに来てくださり夫もさぞ喜んだことと思います。

住山　恭子　様

住山先生は夫が三次市立十日市中学校在学中の担任の先生でした。以来五十年間交流が続いたのです。

当時まだ二十代の若い先生でいらした住山先生は国語科の指導で夫は大きな影響を受けたようです。

生前夫は現在自分があるのは住山先生のおかげとよく言っておりましたが、生涯にわたって心の師を持っていた夫は本当に幸せだったと思います。

溝田　武人　様

三次高校の同級生には親友が何人かおられましたが、その中でも親しかった方が福岡工業大学で教鞭をとっておられた溝田先生で、夫に本を出版したらどうかと勧めてくださった方です。

葬儀の日にも福岡からかけつけてくださいました。

『しんじゅがい』を大学をはじめ各方面に紹介してくださったおかげで、多くの学生さんに読んでいただくことができました。

丸子　英明　様

府中小学校で校長に就任以来六年間にわたって教頭として支えてくださったのが丸子先生でした。

夫が『しんじゅがい』にも書いておりましたがすばらしく理論構築の優れた先生で、「張り付き研修」（研修をしようとする学校に行って朝から晩まで張り付いて授業研究のやり方など全部見てくる研修スタイル）を考案されたり自ら職員室通信を出されたり……随分助けていただいたようです。書の大家で作品の見事さにいつも感心しておりました。

平田はつみ　様

『しんじゅがい』にも書いておりましたが、教頭時代「ミニ研修」「ミニミニ研修」という言葉を作り実践された先生です。日常の中でよそから講師を招かなくても校内の優れた人から学ぶという研修スタイルですが、平田先生自らも全校の俳句指導を始められすばらしい成果を残されています。

夫自身も俳句に挑戦し「お～いお茶」の俳句に六十歳で入選するということもありましたが、これも感性豊かな平田先生のご指導のおかげだと思います。入選作は「人去りて寂しとんどの後始末」でした。

後藤ひとみ　様

後藤先生は教頭として支えてくださっただけでなく、退職後、目の不自由な夫を、休日、三原や尾道などで開催される講演会の会場まで送り迎えしてくださいました。そして最後は夫の葬儀まで中心となって動いてくださいました。夫も天国から「最後までお世話になったね。ありがとう」と心から感謝していると思います。

橋本　義政　様

初めてお会いしたのは夫が自宅の庭で倒れ救急車で運ばれた「はしもと内科」玄関前でした。そこには長身の優しい顔をされた若い橋本院長先生が待ちかまえておられました。

以後八ケ月間、この病院でお世話になったのですが、毎日多くの患者さんを診察された後、必ず三階の病室に足を運ばれ笑顔で声をかけて回っておられました。

お年を伺うと三十七歳ということでしたが誠実で、優れた人間性を備えられたすばらしい方でした。この病院で『しんじゅがい』の原稿を書き、最後までお世話になり、看取っていただいたことを夫は感謝していると思います。

藤原亜紀子　様

息子直樹が亜紀子さんと結婚したのは平成十七年十月ですから、藤原家に嫁いで十年余りになります。大学時代博多で知り合ったのが縁で、息子の勤務地尾道で結婚生活を始めたのです。

夫は、明るく美しい料理の上手な亜紀子さんを娘のようにかわいがり、何でもよく話しておりました。

孫が生まれてからは孫の顔を見によく尾道まで車で出かけ、三人の孫の成長を大変楽しみにしていました。

妻として母として立派に務め、家庭をしっかり守っている亜紀子さんに心から安心しておりました。これからも天国から見守ってくれていると思います。

竹田　小雪　様

五人の孫の中で最も心を痛めたのは八才の孫の小雪でした。三才の時から通っていた保育園にいつも車で迎えに行っていたのはじいちゃんだったからです。入院生活が始まってからは休日はいつも「じいちゃんに会いに行く」と言って病院についてきて、ベッドで添寝をしたり手をさすったりしていました。

じいちゃんが亡くなり、新学期が始まって間もなく小雪は不調を訴え始めました。まず視力が落ち自家中毒になり度々頭痛で苦しむようになったのです。学校も休みがちになりました。

大好きだったじいちゃんの死は小雪に大きな衝撃を与えたようです。夏が過ぎ秋になってようやく青崎小学校の先生方の温かいご配慮により、どうにか登校できるようになりました。じいちゃんの死を乗り越えてがんばってほしいと思います。じいちゃんも天国から「小雪がんばれよ」と応援していると思います。

六、個人の年譜

年月日	主なできごと
昭和18・10・9	広島県警に勤める父、藤原盛登の長男として呉市広町で誕生、母、藤原光子
昭和20・8・6	広島の原爆投下で父即死 母と私は高田郡向原町（母の実家）へ帰っていて助かる そのまま実家に子どもがいなかったので母の兄、中邑浄人の養子として育てられることになる その間に三次で母は実父の弟、藤原晃宗と再婚
昭和22	中邑家に長男誕生
昭和25・2	母の嫁ぎ先（双三郡三次市）酒河村に引きとられる
昭和25・4・1	酒河小学校へ入学
昭和30	中国新聞社より模範学童表彰を受ける
昭和31・3	酒河小学校卒業
昭和31・4	十日市中学校へ入学
昭和34・3	十日市中学校卒業
昭和34・4	三次高校へ入学
昭和37・3	三次高校卒業
昭和37・4	広島大学教育学部へ進学

昭和42・3	広島大学教育学部卒業
昭和42・4	安芸郡府中町府中小学校へ就職、教職人生のスタート 3年6組担任となる
昭和44・4・27	河上秀子と結婚　自動車運転免許取得
昭和45・11・8	長女　由利子誕生
昭和48・7・14	長男　直樹誕生
昭和51・4・1	広島大学附属東雲小学校へ転任
昭和59・4	筑波での文部省中央研修を受講（六週間）
平成2・4・1	安芸郡府中小学校教頭
平成6・4・1	安芸郡府中小学校校長
平成8・9	北海道室蘭市研究会へ講師として出席 以後4回北海道で青葉小・伊達小などの講師を務める
平成10・11・21	広島県教育改革シンポジウムパネラーとして出演 「根っこ」を育てる教育の重要性を説く（中国新聞社本社ビル6階）
平成13・4・1	安芸郡府中中央小学校校長として転任
平成16・2	広島県教育賞を受賞

平成16・3・31	教職生活を定年で終える
平成18・4	青少年育成府中町民会議会長
平成19・4	府中町教育委員長
平成19・5	広島県連合小学校長会（県連小）で「子どもを育むということ」と題して講演
平成26・3	府中町教育委員長の任務を終える
平成26・6	講演、研修会講師八〇〇回を超える
平成26・7	両眼とも網膜色素変性症の診断を受ける 現代医学では不治の病い　視力が徐々に退化していく
平成27・4・29	春の叙勲（瑞宝双光章）受章
平成28・2・27	肝硬変のため死去（満72歳）
平成28・2・27	死亡叙勲（正六位）受章
平成28・4・10	『しんじゅがい』藤原凡人著　溪水社より出版

あとがき

『しんじゅがい』に続いて第二作目（『しんじゅがい・続編』）を夫の一周忌に出版できましたことを大変うれしく思っています。これも溪水社の皆様のご指導ご協力のおかげと心よりお礼申し上げます。

夫は毎年花の絵を描いた年賀状を送っていました。十二月に入ると居間の床いっぱいに年賀状を広げ、一枚一枚手に取り色付けをすることが恒例の行事になっていました。三十数年間続けてきた花の年賀状が跡《と》絶えたのは平成二十八年でした。

病気で入院中だった平成二十七年は十二月に入ってから体力、気力が徐々に衰え筆を持つことができなくなったのです。お正月に皆様から届いた年賀状を病室のベッドで夫に見せながら読ませていただきました。夫はうれしそうに頷きながら聴いておりました。

一月中旬に入り皆様が心配されているだろうと思い夫の意思で寒中見舞を出させていただきました。

この後、是非お見舞に行かせてほしいとお申し出もあったのですが、当時インフルエンザが大流行していた時期でしたのでもう少し暖かくなってからおいでくださいとお伝えいたしました。しかし春を待たず二月二十七日深夜静かに旅立ってしまいました。多分皆様驚かれたことと思います。

通夜、葬儀に多くの方がお参りにおいでくださいました。皆様に本当に良くしていただきましたことを夫は心から感謝していると思います。

本当にありがとうございました。

平成二十九年二月

藤原秀子

しんじゅがい・続編

平成二十九年二月二十七日　発行

著者　藤原凡人

広島県安芸郡府中町瀬戸ハイム三丁目三―三一

（〒735―0011）

電話（〇八二）二八三―六八〇九

発行所　株式会社　溪水社

広島市中区小町一―四（〒730―0041）

電話（〇八二）二四六―七九〇九

ISBN978-4-86327-381-8 C0095